2021

黑龙江省社会科学学术著作出版资助项目

认知–功能视角下的现代汉语“对”字句研究

RENZHI-GONGNENG SHIJIAO XIA DE XIANDAI HANYU “DUI” ZIJU YANJIU

吴泓 ◎ 著

哈爾濱工業大學出版社
HARBIN INSTITUTE OF TECHNOLOGY PRESS

内 容 简 介

"对"字句是现代汉语的高频句式之一。本书运用认知语言学、功能语言学的理论方法，就汉语介词"对"及"对"字句的本体展开研究。从生命度、指称化、语法化等视角研究了肯定性"对"字句中各组成部分的情况及其序位关联性。从心理扫描方式、凸显方式等对否定性"对"字句中的两种否定形式进行了比较分析，并解释了其共存的原因。对"对"字句的肯定形式和否定形式进行了对比分析，并阐释了其不对称的原因。另外，还对"对……(Neg)VP/AP"结构的隐喻和转喻功能进行了研究，分析了隐喻功能、转喻功能在"对"字句中的共同作用，并以"对……不客气"为例，进行了转喻功能的个案研究。

本书的研究将有助于探索语法、语义、语用多领域研究的理论接口，使相关研究得以不同程度的深化，同时还可使读者更深刻地认识汉语语法的特点，对汉语教学者及学习者也是十分有益的。

图书在版编目(CIP)数据

认知-功能视角下的现代汉语"对"字句研究/吴泓著.—哈尔滨:哈尔滨工业大学出版社,2021.9

ISBN 978-7-5603-9701-6

Ⅰ.①认… Ⅱ.①吴… Ⅲ.①现代汉语-句法-研究 Ⅳ.①H146.3

中国版本图书馆CIP数据核字(2021)第197850号

策划编辑 闻 竹
责任编辑 赵凤娟 闻 竹
封面设计 郝 棣
出版发行 哈尔滨工业大学出版社
社 址 哈尔滨市南岗区复华四道街10号 邮编150006
传 真 0451-86414749
网 址 http://hitpress.hit.edu.cn
印 刷 哈尔滨圣铂印刷有限公司
开 本 787mm×960mm 1/16 印张13 字数205千字
版 次 2021年10月第1版 2021年10月第1次印刷
书 号 ISBN 978-7-5603-9701-6
定 价 58.00元

前　言

本书以现代汉语中由介词“对”构成的介词短语作状语的句子为主要研究对象，将其称为“对”字句。本书在认知－功能视角下对现代汉语“对”字句中出现的介词“对”的语法功能、各构成成分的准入特征及各成分间的关联性进行研究。同时，将两种否定性“对”字句、“对”字句的肯定形式与否定形式进行对比，在充分描写的基础上对其异同展开解释。从心理扫描方式、识解方式、凸显方式、主观性、主观化、概念整合、移情、原型范畴、配价、语义偏移、扩展等角度对“对字句”进行认知、功能的解释与说明。本书还关注“对……（Neg）VP/AP”结构的隐喻和转喻功能，探究其形成的理据和条件。

全书共分为五章。

第一章是绪论。本书对以往的介词研究做了简单回顾，对在介词研究方面有影响力的主要著作进行了介绍与说明，并对介词研究的各类情况进行了概括。主要介绍了以往学术界对于介词“对”和“对”字句的研究情况，并对其做出述评。介绍了本书的选题意义、研究内容与研究思路、研究方法与语料来源、符号及其他说明。

第二章是关于肯定性“对”字句“X＋对＋Y＋Z”的探讨。对“X”“Y”“Z”的句法语义属性进行全面的描写，探索了“X”“Y”的生命度属性和指称化特征及“Z”的准入条件。分析了介词“对”的语义功能、“对”由动词到介词的演变路径、“对”的语法化程度高低与“Z”的动词性强弱的关联性、介词“对”在现代汉语中的功能扩展、“对”与“X”“Y”“Z”的关联性等问题。

第三章是关于否定性“对”字句的研究。“对”字句有两种否定形式：A式否定句“X ＋ Neg ＋对＋ Y ＋ Z”和B式否定句“X ＋对＋ Y ＋ Neg ＋ Z”。本章对这两种否定句的准入条件进行了比较与分析。“双式允准型”否定的A式和B式具有不同的心理扫描方式；“单式选择型”否定体现了不同的凸显方式。本书建立了介词“对”、“Z”的语义特征和两种否定式之间的序位关联性。最后提出了两种否定句在现实、非现实范畴存在的“扭曲关系”。

第四章是关于肯定性“对”字句与否定性“对”字句的对称与不对称的比较研究。本书分别考察了肯定性“对”字句与 A 式否定句、肯定性“对”字句与 B 式否定句的对称与不对称，获得了肯定句中“Z”的复杂形式所决定的是否允准 A 式或 B 式出现的相关结论，也归纳了只有 A 式或 B 式否定句而没有对应的肯定句出现的限制条件。运用数学领域的平面直角坐标系说明了“对”字句肯定式与否定式在语法、语义结合时呈现出的多样性情况。运用韵律句法的相关理论解释了“对”字句中肯定与否定不对称的一些问题。

第五章是关于“对……（Neg）VP/AP”结构的隐喻和转喻功能的研究。分析了“对……（Neg）VP/AP”的隐喻功能、转喻功能及隐喻始源域中的转喻延伸现象和隐喻目标域中的转喻延伸现象，说明了隐喻和转喻在“对”字句中的共同作用，并以“对……不客气”为例，进行了转喻功能的个案研究。

结语部分对全书所研究的内容进行了总结，给出了本书的主要观点。此外，还总结了研究的不足之处及今后的努力方向。本书尝试从认知－功能视角对现代汉语“对”字句进行全面的研究，以期能为后续的“对”字句研究提供一些例证和参考。

由于时间仓促及作者水平有限，缺点和疏漏在所难免，恳请专家及读者指正。

作　者

2021 年 6 月

目　　录

第一章　绪论 …………………………………………………………… 1

第一节　研究现状 ……………………………………………………… 1

第二节　选题的意义 …………………………………………………… 9

第三节　研究内容与研究思路 ………………………………………… 10

第四节　研究方法与语料来源 ………………………………………… 13

第五节　符号及其他说明 ……………………………………………… 14

第二章　肯定性“对”字句 ……………………………………………… 15

第一节　“X + 对 + Y + Z”中的“X”和“Y” ……………………………… 15

第二节　“X + 对 + Y + Z”中的“Z” …………………………………… 21

第三节　“对”的语义特征、功能演变及其与“X”“Y”“Z”的内部关联性 76

第四节　本章小结 ……………………………………………………… 85

第三章　否定性“对”字句 ……………………………………………… 86

第一节　否定式 A 与否定式 B 双式允准型……………………………… 87

第二节　否定式 A 或否定式 B 单式选择型……………………………… 94

第三节　否定式 A 与否定式 B 并存原因的历时探讨 ………………… 105

第四节　介词“对”、“Z”的语义特征和否定词之间的序位关联性 …… 107

第五节　A 式否定句与 B 式否定句的语义、语用功能比较 …………… 109

第六节　否定性“对”字句中的现实与非现实 ………………………… 113

第七节　本章小结 ……………………………………………………… 115

第四章　“对”字句肯定式与否定式的对称与不对称 …………………… 117
第一节　肯定句与 A 式否定句的对称与不对称 …………………… 118
第二节　肯定句与 B 式否定句的对称与不对称 …………………… 129
第三节　肯定式与否定式的语法语义结合多样性 ………………… 139
第四节　韵律句法对“对”字句肯否形式的影响 …………………… 144
第五节　本章小结 ……………………………………………………… 146
第五章　“对……(Neg)VP/AP”的隐喻和转喻功能研究 ……………… 148
第一节　隐喻和转喻的相关研究 …………………………………… 148
第二节　“对……(Neg)VP/AP”的隐喻和转喻功能 ………………… 154
第三节　“对……不客气”转喻功能的个案研究 …………………… 161
第四节　本章小结 ……………………………………………………… 178
结语 ……………………………………………………………………… 179
后记 ……………………………………………………………………… 183
参考文献 ………………………………………………………………… 184

第一章　绪　　论

第一节　研究现状

介词在汉语语法系统中有着独特的价值和重要的作用，是虚词的一个重要类别。因此，自《马氏文通》开始，学术界就对汉语介词展开了一系列的研究。

一、有关介词的研究

《马氏文通》被公认为是第一部开始汉语语法学意义上的介词研究的著作。《马氏文通》中把介词称为介字，给出了其语法功能："介字云者，犹为实字之介绍耳。"章士钊的《中等国文典》(1907)中开始出现了"介词"称呼，并且将其分为前置介词和后置介词。陈承泽的《国文法草创》(1922)也是对汉语介词研究有较大贡献的一部著作，该书将介词所介引的对象称为"所系语"，将介词和所系语所修饰的对象称为"所介语"，并且对前置介词和后置介词做了详细的分类。以上这几部著作中所分析的语料都为古汉语材料，黎锦熙的《新著国语文法》(1924)则开启了现代汉语语法研究的新篇章。该书将介词归为关系词，将介词分为时地介词、因缘介词、方法介词和领摄介词等四类。到了 20 世纪 50 年代，介词的研究开始有了新的发展。张志公的《汉语语法常识》(1953)对介词的语法特点做出了分析，而且与动词进行了比较。赵元任的《中国话的文法》(1968)中概括了介词有三种形式特点：①不能重叠，不能带"起来""过""了"，少数能带"着"；②不作谓语中心；③介词的宾语不能省略。这对后来的研究起到了很大的作用。

自20世纪80年代开始，语言学家们从多种角度、多个层面对介词的语义功能、语用功能、语法化及其与其他词类的区别等方面展开了研究。各种理论也被广泛地运用其中，如语义特征分析法、“三个平面”理论、转换生成理论、认知语言学理论等。各位学者从多角度对汉语的介词展开描写与分析，并且取得了一些有价值的研究成果。其中比较有代表性的研究有：

金昌吉的《汉语介词和介词短语》(1996)是一部系统研究现代汉语介词的著作。对于介词的分类、介词与动词及其他词的兼类现象、介词的句法功能、介词短语的句法功能、介词短语的语义分析和语用分析等方面做了全面的考察和研究。

傅雨贤、周小兵等的《现代汉语介词研究》(1997)对现代汉语介词的来源、演化、语法性质、分类、研究方法等做出整体说明后，主要以个案研究的方式对“把”“给”“在”“除”“比”“从”“向、往、朝”“跟”和“对”这些介词进行了研究，以语法描写为主，兼顾部分比较。因为是多人撰写的，所以对每一个介词的研究思路并不相同，但也可以较详细地反映该介词的一些特点。该书语料观察较仔细，能够揭示一部分语言事实。

陈昌来的《介词与介引功能》(2002)对于后续的介词研究有较大贡献，可以说是进行介词研究前必看的一本书。全书对于介词的性质、特点、功能、范围进行了全面的梳理，对介词的系统、类别和内部差异都做出了详尽的说明。该书将介词分为主事、客事、与事、境事、凭事、因事、关事、比事等八个类别，并全面描写了介词的语法、语义、语用功能。从介词的古今、方普的角度展开了对比，说明其异同。该书的研究成果对于后续的介词研究具有一定的启发性。

刘丹青的《语序类型学与介词理论》(2003)从语言类型学的角度出发，对介词的语序从宏观角度进行了概括与介绍，并从语义学与语法化理论的角度探讨了介词问题。刘丹青先生认为汉语的介词分为前置词、后置词和框式介词，并对其来源、语法分工和语义分工问题进行了论述。他提出介词结构语序主要有四个原则：联系项原则、语序和谐原则、时间顺序象似原则、信息结构原则。还选取了多种方言的介词说明其语序问题。该书是一部从宏观到微观，从理论到实践全面探索介词语序问题的理论著作。

还有一些学者选择了几个介词的归类研究，或者是介词的某一方面的研究。万莹(2013)选择了六对介词："朝"和"朝着"、"趁"和"趁着"、"顺"和"顺着"、"沿"和"沿着"、"为"和"为了"、"对"和"对着"，对比分析了"X"与"X 着/了"的异同。彭飞(2012)从认知、功能和对外汉语教学的角度对"在""从""为了""对"等几个介词进行了研究。陈昌来(2014)对多个"介词框架"进行了描写，考察了其形成动因、句法分布和句法功能、隐现机制、语义关系与语义模式、语用功能和语篇功能，同时还对比了相近介词框架的内部差异，是一部对介词框架展开全面研究的著作。王世群(2016)对框式介词的句法语义、前后项的隐现及历时情况进行了考察。吴春相(2013)按照语体把介词分为书面语介词、口语介词和中性介词，考察了内部因素和外部因素对介词结构的语体制约。王丽娟(2008)运用韵律句法学理论探讨了现代汉语介词合法分布与其音节数目之间的关系。周文华(2011)从习得的角度对时间、空间、对象、依据和缘由等五类介词进行了考察，梳理各类不同介词的句法、语义规则，通过中介语语料库统计分析得出五大类不同介词的难度等级和习得顺序，并据此提出教学建议。马贝加(2003)对近代汉语介词进行了全面的描写，对于介词语法化的研究有很大帮助。席建国(2013)从类型学的角度对汉英介词做了对比研究。

还有部分学者考察了某一类介词或某一个介词的使用情况、语法功能等。石微(2013)考察了依据类介词的语法化的过程和机制。郜峰(2014)考察了路径义空间介词的语义、语用功能。许舒宁(2015)运用事件语义学的理论对时空介词进行了研究，并且对其规律进行了认知上的解释。关于单个介词的研究，通常会将其放入相应的句式中进行考察，例如："把"字句、"被"字句、"在"字句、"对"字句、"向"字句等。从数量上来看，"把"字句和"被"字句的研究远远高于其他介词句。

二、有关介词"对"和"对"字句的研究

介词"对"是现代汉语中的常用介词之一，"对"字句指由介词"对"介引的"对"字结构充当状语的句子。"对"字句在现代汉语中是一个高频使用的句式，但是研究成果却远远少于"把"字句和"被"字句。从 1990 年至今，"把"字

句研究的文献共有 1 131 篇，“被”字句研究的文献有 976 篇，而“对”字句的研究文献只有 10 篇。可见，“对”字句的研究数量、深度和广度是十分不足的。

（一）“对”的语法意义研究

“对”的意义是“对”字句研究的焦点，也是争议最多的一个方面。许多学者都对此做过研究，但是到目前为止，仍存在一些争议。主要有两种观点。一种以吕叔湘先生主编的《现代汉语八百词（增订本）》（1999）和侯学超《现代汉语虚词词典》（1998）为代表，他们都认为“对”有两种意义：一种表示“朝、向”，指示目标和对象；一种表示“对待”，大致跟“对于”相同。另一种以赵淑华（1996）、傅雨贤等（1997）和李琳莹（1999）为代表，他们都把“对”的意义和作用概括为四种，但是内部各义项的归纳有所不同，详见第二章表 2－3 的对比说明。

后来，苗杰（2005）、吴泓（2007）、孙蕾（2007）、孙舒颖（2007）等也都对“对”的语义分合做了不同的研究和归纳，但是由于所考察的语料数量有限，并没有给出特别令人信服的观点。作为介词，我们研究的主要是“对”的语法意义，从目前的分类情况来看，学者们对于“对”的整体意义的分析大体相同，只是在义项的分合上存在一些争议，而且在各义项的用法上也有一些差异。这是我们需要在大量语料的分析下进行重新探索的问题之一。另外，对介词“对”的意义和用法进行细致的分类和描写固然重要，但是也不能忽视其各项语法意义之间的关系。对于这种关联性的考察，将有助于我们更深入地了解介词“对”的语法意义与“对”字句中谓语、否定词等的相对关系。

（二）“对”字句的结构研究

“对”字句的结构研究以描写为主，这是“对”字句研究比较充分的一部分。徐枢（1984）描述了“对”字句的五种主要格式。分别为：

①NP_1 + 对 + NP_2 + AP。

②NP_1 + 对 + NP_2 + VP（不及物）。

③NP_1 + 对 + NP_2 + VP（及物）。

④NP_1 + 对 + NP_2 + VP（及物）+ NP_3。

⑤NP_1 + 对 + NP_2 + VP（及物）+ VP（不及物）。

张永胜(1992)对“对”字句的格式做了进一步归纳,从句子成分的角度描述了“对”字句的六种格式:

①主语+对+对象+谓语。

②对+对象,+谓语。

③对+对象,+主语+谓语。

④对+对象+的+主语+谓语。

⑤主语+谓语+对+对象+的+宾语。

⑥对……来说,+判断谓语(是)+宾语。

张永胜归纳的①式概括了徐枢描述的五种格式,②式和③式则是①式的一种变换形式。①至③式中“对”字结构在句子中充当的都是状语,④式和⑤式中“对”字结构充当的则是主、宾语的定语。⑥式是“对”字句的一种固定格式,即构成了“介词框架”。张永胜对“对”字句格式的概括是比较全面的,但并没有涉及“对”字句的否定形式的格式问题。“对”字句的肯定形式和否定形式是否是对称存在的,这还需要我们做进一步的研究。

李临定(1988)对介词“对”的位置进行了描写。他指出,“对”既可位于述语前(施事后),又可位于句首(施事前)。当“对”位于句首时,有时呈显性,有时呈隐性。同时,他还论述了“对”的隐现条件。

可见,“对”字句的研究开展得还是比较早的,但是却更多停留在了描写阶段,没有像“把”字句、“被”字句那样运用更多的理论对其进行解释和分析,也没有探究“对”字句中的特殊情况,对其进行深入挖掘。

(三)“对”字句的谓语研究

“对”有几种不同意义,主要决定于其谓语中心的小类。这也是“对”字句研究的重点之一。徐枢(1984)、李临定(1988)、李琳莹(1999)等都对这个问题进行了分析。其中,以李琳莹(1999)的表述最为详尽。对谓语中心进行总结和次类划分,可以更好地帮助我们分析“对”的语义功能。后期,苗杰(2005)、吴泓(2007)、孙蕾(2007)、赵玉娟(2007)等也都对其进行了描写,但并没有超越李琳莹的表述。

（四）“对”字句的主语研究

孙蕾（2007）从“对”字句主语的语义分类和功能分类两个角度，对其进行了描写。孙蕾在文章中将其语义分类概括为“人物类”和“事象类”；将功能分类概括为“指向型主语”和“话题型主语”。文中提到了主语是否具有[＋生命]特征，但遗憾的是却没有从生命度的角度对其展开更具体详尽的分析。赵玉娟（2007）所论述的“对”字句的A段，就是其主语部分，但是只是进行了简单的描写，并没有更深入的分析。孙舒颖（2007）则分析了“对”字句主语与篇章的关系，提出同指、上下义、关联三种关系。陈俐冰（2010）对公文语体中的“对”字句主语进行了语义和功能的分类，与孙蕾（2007）的分类完全相同，并未体现“对”字句主语在公文语体中的特别之处。整体来看，对于“对”字句主语的研究，还有待进一步深入。

（五）“对”字结构研究

“对”字结构指介词“对”与其介引成分所构成的结构单位，也称“对”字短语。林莉铭（2005）结合句法成分和句法位置，探讨了“对”字结构充当定语和状语时在语义层面和语用层面的不同情况。许松（2010）在此基础上还论述了“对”字句主语隐现的问题。

虽然有部分学者对于“对”字句的内部结构和句法成分进行了描写，但是各家观点不完全相同，这也说明了对语料没有达到充分占有，还有待进一步细致地观察和描写。同时，“对”字句内部各部分之间的关联性，没有得到充分的说明与论证，这正是后续应该进行的研究。

（六）“对”字句的否定形式研究

“对”字句的研究主要集中在肯定句方面，而否定句的专门研究很少有人论及。目前所见文献，仅有以下几种：

部分学者是在论述相关问题时，某种语言现象中涉及了“对”字句的否定形式，所以在文中论及。例如：石毓智（2001）从肯定和否定的角度考察汉语中现实句和虚拟句的特点时，提出了在句型“代＋X＋对＋代＋Y＋形（动）”中，否定词出现在X位置时，一般是表示条件、意愿等虚拟情况；否定词出现在Y的位置时，一般是表示现实情况。陈一（2008）在分析对举结构时列举了“对＋N＋

不+行为动词”和“不+对+N+形容词/态度动词”两类否定性“对”字句，指出其中存在有标记形式和无标记形式，并从关联度、概念距离、整合程度等方面简要地做出了解释。

部分学者是将介词“对”与其他相关介词放在一起进行比较论述时，谈到了“对”字句的否定情况。例如：金琉廷(2000)将“对”与“在、用、到、跟”等介词放在一起，做了一些简要的论述。提出介词“对”与否定词“不”之间存在一种流动的语序关系，即否定词的位置并不总是在介词的前面，也可以在介词结构后面。朱华平(2004)将“对”与“在”“从”“朝、向”“跟”放在一起，探讨了否定词在介词句中的位置问题。赵彧(2019)将“对”与“和”“把”“按”“向”放在一起，考察了否定词位置的浮动情况。二者的相同点是都将注意力集中在否定词的位置转换(浮动)方面，从焦点与辖域入手展开说明。朱华平尝试运用焦点敏感原则、语义接近原则、主观程度原则来进行解释，赵彧则从主观强度、篇章布局、句法提升等角度进行分析，没有对同一介词的不同否定形式的差异进行探讨。朱华平文章中所用语料部分内容有待推敲，因此，我们并不完全认同其给出的结论。赵彧文章中关于“自由使用”的范围过宽，也有待商榷。

完全探讨“对”字句否定形式的文章仅见到三篇：吴泓(2007)从标记理论出发，对两种否定性“对”字句进行了研究。朱华平(2010)尝试从否定副词“不”的情态特征方面说明两种否定式的差异。李双剑、陈振宇(2018)从“焦点制约”和“主观性跃升”的角度解释了“对”字句否定式浮动的制约因素。

我们认为，以上各位学者主要分析了介词宾语与谓语之间的语义关系对其语序的影响，其实谓语本身的次类划分，以及副词、助动词、某些句型的出现，都会对其产生影响。李双剑、陈振宇从“主观性跃升”的角度阐释了两种否定形式存在的原因，相对于以往的否定式研究有了一定的突破。如果结合运用认知语言学的心理扫描理论、识解理论等，就能对其做出更深入的分析与解释。

(七)不同语体中的“对”字句研究

王景丹(2001)、陈俐冰(2010)和李孝国(2002)考察了不同语体中的“对”字句。王景丹、陈俐冰以公文语体“对”字句为考察对象，王景丹分析了“对”字句的语义功能，陈俐冰则对“对”字句的结构、语义、语用分别进行了研究，认为在公文语体中“对”字句的数量最多，但由于所选语料有一定的局限性，因此结论未必完全准确。李孝国选择了法律文本中的“对”字句，对于“对”字句的类型、作用及不同类型法律条文如何选用“对”字句等几个问题做出了分析与概括。

（八）“对”与相关介词的比较及教学偏误研究

张永胜（1992）分析了介词“对”和“对于”在用法上的异同。刘顺（1998a）分析了“对”和“对于”可以互换的条件。万莹（2008）认为“对”与“对着”在语义上各有分工，使得它们在句法功能上有一定的差异。王立燕（2005）对比了介词“朝”和“对”，并归纳了二者的可替换性条件。李秉震（2012）从隐现和替换的角度探讨了“关于”“对于”的语义功能。还有许多硕士论文或者期刊论文是关于介词“对”的偏误及对外汉语教学研究的，其中以周文华（2011）的分析和数据最具有代表性和说服力。

（九）“对”字句的其他研究

陈信春（2001）讨论了“对”字结构的隐现情况。刘顺（1998b）和张宝胜（2002）都论述了“对”字结构的歧义问题。林莉铭（2005）、孙舒颖（2007）、许松（2010）考察了“对”字句在篇章中的使用情况和相应的功能。邓文彬（1996）运用系统论和控制论的方法探索了相对关系的“对”字句内部结构项的特征和它们之间的内部联系与制约关系，提出了句式系统性的观点。王文斌（2006）从乔姆斯基的最简方案的视角，揭示了“对”字句中出现“对”和“作”的动因。许松（2010）运用意象图示理论分别论述了“对”的不同语义特征在“对”字句中的表现情况。可见，运用新的理论对“对”字句进行研究和解释将是其研究的新方向。

综上所述，我们认为，目前“对”字句的研究还值得进一步思考：

（1）关于“对”字句的研究以描写为主，解释的力度不够，而且相关解释的理论和方法需要更新。

（2）关于“对”的性质、功能、特点、分类等需要进一步考察。目前的研究归纳、分类等有其不合理的地方。

（3）“对”的分布和“对”字短语的句法功能需要在更大规模的语料库内进

一步考察。只有语料全面才能得出准确的结论和数据。

(4)“对”字句的语用功能需要进一步细化、拓展。

(5)关于“对”字句的肯定形式与否定形式、不同的否定形式等问题,有待进行系统性的研究。

第二节 选题的意义

句式研究是汉语语法研究的一个重点,常见的“把”字句和“被”字句的研究一直备受关注,而“对”字句同样也是一个高频使用的句式,研究的情况却远不及“把”字句和“被”字句。虽然“对”字句的研究起步并不晚于“把”字句、“被”字句,但是在前期描写性研究后,就没有再上升到更高的高度。到目前为止,还没有一篇博士论文是专门进行现代汉语“对”字句研究的,而对于“对”字句内部的结构关系,“对”的各义项之间的关联性,“对”字句的否定形式对比,“对”字句中的特殊形式、功能等都有待进一步展开分析与解释。因此,本书将尝试完成这些任务,为今后这方面的相关研究提供语言事实和理论方法的参证。

沈家煊(1999)指出,解释语言现象应该是语言研究的“最终目的”。解释要在描写的基础上进行,理论上的解释也会引导人们从新的角度去观察语言现象和发掘新的语言现象,语言科学在不断的描写和解释中发展。现代汉语“对”字句的研究也是沿着从描写到解释的方向前进,并在解释的过程中不断探索其存在的理论价值的。

本书关于“对”字句的研究不仅具有理论意义,还具有实际的应用价值。汉语的语言教学是建立在汉语本体研究的基础之上的。汉语的本体研究为汉语教材的编写及教学方法的确立提供了理论依据。徐枢(1997)指出,用错了一个实词,通常只限于实词本身;而用错了一个虚词,则往往会影响整个组合的关系或全句语气,它的使用可谓是牵一发而动全身。“对”作为虚词中的重要成员,是对外汉语教学的重点。将本体研究中的介词“对”及“对”字句的研究成果运用到对外汉语教学中,是十分必要的。这不仅可以使我们更深刻地认识汉语语法的特点,对帮助汉语教学者和学习者,包括学习现代汉语的外国留学生,也是十分有益的。

因此,现代汉语“对”字句是一个值得研究的课题,而且应该对其进行更深入的研究。借鉴认知语言学、功能语言学的理论方法,就汉语介词“对”及“对”字句的本体展开研究,将有助于探索多领域研究的理论接口,使相关研究在不同程度得以深化。

第三节 研究内容与研究思路

一、研究内容

本书以现代汉语中介词“对”构成的介词短语作状语的句子为主要研究对象,将其称为“对”字句。对其中出现的介词“对”的语义内涵、“对”字句中的构成成分及各成分间的关联性展开研究。同时,对于“对”字句所具有的整体功能进行分析与描写,将“对”字句的肯定形式与否定形式及两种否定形式进行对比,并运用认知语言学的相关理论进行解释和说明。另外,尝试探寻“对”字句中存在的其他语言现象,如隐喻、转喻等。

我们首先说明一下介词“对”的词性鉴别方法。由于大多数介词都是由动词虚化而来的,所以在进行介词研究之前,首先要辨别的是动词和介词的区别,一般认为二者具有以下区别:

(1)介词不能单独作谓语中心,动词可以。

(2)介词不能以任何方式重叠,动词可以。

(3)介词不能带时态助词,动词可以。

(4)介词都不能带补语,动词可以。

根据以上四点,我们明确了哪些是介词“对”,做出语料的取舍,再进行下一步的研究工作。

关于介词的功能,许多现代汉语教材、相关的介词研究性书籍和论文都有论及,我们认为给出较全面诠释的是张斌先生主编的《现代汉语描写语法》

(2010),该书将介词的功能分为基本功能和特殊功能。基本功能是指只要是介词,就必须具有的句法功能;特殊功能是指并非每一个介词必备的句法功能。

张斌(2010:213)指出,介词的基本功能包括附着定位、不能单用、不作谓语和不能连用四种。例如:

(1)他对我笑。——*我,他对笑。——*他对[ ]笑。

(2)他对你笑了吗?——*对/不对。

(3)他对我笑。——*他对我。

(4)在对这一问题的认识上(张斌例)

"附着定位"功能是指介词必须位于介词宾语前面,介词宾语不能外移或省略,如例(1),"我"作为介词宾语,不可以外移或省略。"不能单用"是指单独的一个介词在任何情况下都不能使用,即使在会话语境中也不可以,如例(2),在回答"他对你笑了吗?"这一问句时,只能用"笑了/没笑"作为答句,而不能直接使用介词来回答,因此,体现出介词的"不能单用"的功能。"不作谓语"是指介词不能单独充当句子的谓语中心,如例(3),句子的谓语中心只能是动词"笑","他对我"这种表达是不成立的。"不能连用"是指任何情况下都不能出现两个介词并列的情况,如果出现介词连续使用,它们一定在不同的层面上,如例(4)中"对这一问题"构成一个介词短语,"在……上"构成另一个层次的介词框架,介词"在、对"虽然相邻,但并不发生关系。

张斌(2010)还指出部分介词具有特殊功能,这是指介词所保留的实词性的功能,是在组成介词短语后所具有的功能。这些功能在介词"对"的用法上均有体现。例如:

(5)你对谁最满意?——对他。(在对话的答句中可以单用)

(6)我只/会对你负责。(可以受副词、能愿动词的修饰)

(7)你到底对不对我说呀?(可以用正反并列式提问)

张斌(2010)指出,这些特殊功能都是那些尚未完全虚化的介词所具有的功能,这说明有些介词在基本完成了由动词转化的过程后,还会或多或少地保留一些动词的功能和用法。介词"对"正属于这种情况。因此,我们在判定"对"的介词词性时,将兼顾基本功能和特殊功能。

关于动词和介词的区分，通常认为可以使用动态助词来帮助鉴别，能够带上动态助词的就是动词，反之是介词。但是也有一些特殊情况，如“趁着、除了、经过”等词语中的“着、了、过”，如果从语源上看，曾经是动态助词，但是现在已经成为构词语素了。我们认为，介词“对”也有类似的情况存在，因此，“对着”已经成为另一个介词，而不是动词“对”加上动态助词“着”了。

二、研究思路

本书首先对肯定性“对”字句“X＋对＋Y＋Z”中的体词性的“X”和“Y”的生命度和谓词性的“X”和“Y”的指称化问题进行研究，然后对“Z”的语义类型进行探索。特别是对形式动词带动词性宾语、存现动词带宾语和心理动词这些较为复杂的“Z”部分的情况进行全面的考察，总结“Z”能够进入“对”字句的准入条件。对介词“对”的语义特征及其与“X”“Y”“Z”的内部关联性进行分析。

然后对否定性“对”字句的两种情况展开分析：分别为否定式A“X＋Neg＋对＋Y＋Z”和否定式B“X＋对＋Y＋Neg＋Z”。对于“双式允准型”否定，探索其内部差异，尝试通过心理扫描方式找出异同。对于“单式选择型”否定，对比能够进入A式和能够进入B式的“Z”部分的差异，并且尝试运用象似性理论解释非现实范畴的种种情况。打算建立介词“对”、“Z”的语义特征和两种否定式之间的序位关系，寻找其横向和纵向的规律性。

接下来对肯定性“对”字句与两种否定性“对”字句之间的对称与不对称展开研究。分别从“Z”的复杂性、否定句中副词的运用、介词前成分表周遍义、表最小量等限制条件入手，对比肯定句与否定句的差异，并且考察对举结构、虚拟结构中肯定式和否定式的变化情况。全面考察“对”字句的肯定式与否定式在语法语义结合的过程中，呈现出语法结构与语义的积极、消极义多样性对应的情况。尝试运用韵律句法学理论来解释“对”字句中的允准与不被允准的现象。

最后考察“对”字句中存在的隐喻和转喻功能，尝试对其进行不同情况的分类、分析。重点详细考察“对……不客气”的个案情况，分析其转喻功能的句法实现条件和本质特征。

第四节 研究方法与语料来源

通过转喻、移情、心理扫描、凸显方式、概念整合、原型范畴、主观性、主观化、语义偏移、配价、扩展等认知、功能理论对现代汉语“对”字句及其内部关系进行充分考察与解释。我们所使用的研究方法有:

(1)描写与解释相结合。综合运用结构主义的描写、变换分析等方法,对于现代汉语“对”字句中的主语、谓语、介词宾语、“对”的语法功能等展开充分的描写,并在功能-认知理论的指导下做出科学的解释。

(2)共时与历时相结合。对于“对”从动词到介词的演变、介词“对”功能的扩展等问题,我们运用共时与历时相结合的方法,不仅研究现代汉语中介词“对”的功能,同时也考察历时发展过程中“对”的演变,可以更好地解释现代汉语“对”字句中的一些现象。

(3)定量与定性相结合。定量分析可以找出语言的规律性,从而对问题定性。我们对于“对”字句的主语和介词宾语、形式动词的各成员,以及其在两种否定句中的运用情况等问题,都采取了定量分析的方法。通过定量考察、数据分析,就可以清晰地对比出使用频率的差异,避免个人语感不同而产生不同的理解。

本书的研究将在充分占有自然语料的基础上进行。语料主要来源于北京大学中国语言学研究中心的 CCL 语料库和北京语言大学的 BCC 语料库,并尽量从不同类别的语料中进行筛选,以保证材料的多样性和平衡性。为了兼顾语言的发展和变化,我们对微博、微信中使用的“对”字句也进行了搜集整理,并筛选出一些剧本类、电视节目对话采访类语料进行口语材料的考察,以期发现更多的“对”字句的表达特征。我们一般不自拟例句,极少数自拟例句都是一些最简单的句子,并且必须通过多人的语感调查测试才会使用。

第五节 符号及其他说明

书中表示不成立的句子时用“ * ”表示，表示可接受性差的句子时用“?”表示。

书中涉及“对”字句否定形式时，主要以否定词“不”构成的否定句为主，只有在“不”无法进入的句子中，才选择使用“没(有)”。其他情况下，不讨论带有否定词“没(有)”的句子。

第二章　肯定性“对”字句

“对”字句的基本结构可以概括为“X + 对 + Y + Z”。“X”“Y”“Z”每部分由哪类词语充当，具有什么特征，互相之间是否有制约与联系，“Z”部分的构成条件是什么，介词“对”在句中的语法功能和语法意义是什么，介词“对”与“X”“Y”“Z”之间具有一种怎样的关系，这是我们要在本章解决的问题。只有在对语言现象进行全面描写之后，才能发现问题，进而展开解释。因此，我们将以语言现象的描写为基础，对于发现的问题，从认知 - 功能的视角随文进行解释。

第一节　“X + 对 + Y + Z”中的“X”和“Y”

在“对”字句中，“X”和“Y”部分主要由体词性成分来充当，由谓词性成分充当的情况并不太多，因为谓词的主体功能是充当谓语，而并非主语或介词宾语。“对”字句中的“X”和“Y”部分的配合呈现出四种情况：

(1)体词性的“X”和体词性的“Y”。

(2)体词性的“X”和谓词性的“Y”。

(3)谓词性的“X”和体词性的“Y”。

(4)谓词性的“X”和谓词性的“Y”。

第一种情况最为常见。因此，我们重点分析其内部体词性的“X”“Y”所具有的生命度属性。第二种至第四种情况，我们将对其中出现的谓词性的“X”“Y”的指称化问题进行说明，由于其中出现的体词性的“X”“Y”与第一种情况中的生命度属性具有相同的类型，因此不纳入体词性“X”“Y”的生命度属性中进行重复分析。

一、体词性"X""Y"的生命度属性

在"对"字句中,"X"和"Y"部分多由体词性词语充当,主要包括名词和代词两大类。名词中包括指人名词,如人名、称谓词等;指物名词,如国家名、机构组织名、事物事件名、职务职位名、概念名等;处所名词等三类。代词中主要为人称代词。另外,还有少量方位短语也可以出现。根据其生命度①的呈现,我们可以将其分为四种情况。

(一)"X"[＋有生];"Y"[＋有生]

这种"X"与"Y"的配合是最多见的,"X"和"Y"部分均由指人名词或人称代词构成。例如:

(1)他对觉民笑了笑,便翻身坐起来,觉得阳光刺痛眼睛,用手揉了两下。(巴金《家》)

(2)尽管只有一年多时间,但一直跟着父亲相依为命的平波已对母亲刘桂英陌生了,她没有迎着刘桂英张开的双臂跑过去,反而腼腆地躲到父亲的背后去。(CCL 语料库)

(3)自己对海藻好,宋秘书迟早也会知道。(六六《蜗居》)

例(1)中的主语"X"部分由人称代词充当,这类代词在"对"字句的"X"和"Y"部分都经常出现。例(1)中的"觉民",例(2)中的"平波",例(3)中的"海藻"都为指人名词,这也是在"X"和"Y"部分高频出现的一类词语。例(2)中"Y"部分的"母亲刘桂英"是由"称谓＋指人名词"构成的同位短语来充当的,这样的情况是较为少见的。例(3)中"X"部分的"自己"属于人称代词中的反身代词,出现频率远远低于"你、我、他"这类人称代词。

在一些具有特殊功能的"对"字句中,人称代词与"Z"之间有一些限制和允准的条件。例如,当"Z"为"不客气(了)",且"对……不客气"从态度转喻行为或目的时,位于"Y"位置的人称代词不能出现第一人称代词"我"。又如,当"Z"

---

① 这是在参加中国语言学会第十八届学术年会(2016,上海)时,张谊生先生给出的建议,在此深表谢意。

为形容词“不利”，且“对……不利”从评价转喻为提醒时，“Y”部分与其配合的多为第二人称代词“你”。这部分内容我们将在第五章展开说明。

（二）“X”［＋有生］；“Y”［－有生］

（4）总经理对厂里的生产很关心。（周而复《上海的早晨》）

（5）他们对电气公司很讨厌，我已经跟他们谈过，毫无希望。（卡耐基《人性的弱点》）

（6）7月18日，两位技术人员对北京市丰台区卢沟桥的石狮进行3D数据采集。（CCL语料库）

例（4）中的“总经理”、例（6）中的“技术人员”都是由职务职位名称来充当的“X”部分，这3例中“X”部分都为指人名词或代词，表现出［＋有生］的特征。例（4）中“Y”部分的“厂里的生产”是由“N的V”结构构成的，表示一种事件，也属于体词性成分。例（5）中“Y”部分的“电气公司”属于机构团体类的名称，例（6）中“Y”部分的“石狮”为事物名称，但是用这种加长定语“北京市丰台区卢沟桥”进行表述的事物名称还是比较特别的，一般在书面语体中才会出现，与“Z”部分出现的“形式动词＋动词性宾语”——“进行＋采集”相呼应。形式动词句多在书面语中出现，详见形式动词＋动词性宾语（O_V）部分的介绍。

在以下几例中，“Y”部分除了具有［－有生］的语义特征，还增加了［＋处所］的语义特征：

（7）辛楣看他们只定一间房，偷偷别着脸对墙壁伸伸舌头，上山回亲戚家里的路上，一个人微笑，然后皱眉叹口气。（钱钟书《围城》）

（8）他忽然站起来对门口行礼，跟着又点头，还不卑不亢地笑了一下，嘴巴动了几下，好像在对人说什么话，我们看到他一本正经地在进行彩排，对空无一物的门口做出种种有趣的表演动作，禁不住要笑出声来。（马识途《夜谭十记：让子弹飞》）

（9）我丈夫拿着钢刀，对窗外喊道：“朋友，我已看见你们了，住手吧！”（CCL语料库）

例（7）至例（9）的“Y”部分分别由物体名词“墙壁”、处所名词“门口”和方位短语“窗外”构成，它们共同的特点是，在这里都具有［＋处所］的语义特征，又可细分为两种情况：一种情况是“Y”部分只表示处所，如例(7)、例(8)；另一种情况是“Y”部分由处所转喻在此处所的人，如例(9)，从下文中“朋友”一词可知，这里实际指“窗外的人”。这一组的“Y”只有在“Z”具有[+表情]/[+体态动作]/[+言说]等语义特征时才会出现，而且“X”部分通常都为具有[+有生]语义特征的指人名词或人称代词，因为只有这类“X”才能够与表情、互动体态和言说行为类VP匹配，而此时“对”带有“朝、向”的含义，具体内容我们将在“Z”进入“对”字句的限制条件中展开分析。

(三)“X”[-有生]；“Y”[+有生]

(10)命运似乎对潘虹格外苛刻，让她刚满十岁就失去了父亲，一个人在冰冷的冬天里，乘三天三夜的硬座火车，捧着父亲的骨灰独自回家(CCL语料库)

(11)据不完全统计，一天之内中央电视台从开播到结束约计有50块标版广告对观众微笑。(CCL语料库)

例(10)中“X”部分的“命运”是抽象概念，例(11)中的“50块标版广告”是事物名称，它们都为非生命体，具有[-有生]的语义特征，但是在这里都是拟人用法，所以后面的“Z”部分才可以出现“苛刻”这种人所具有的态度、“微笑”这种人所具有的表情。

(四)“X”[-有生]；“Y”[-有生]

(12)中国政府正在研究制订有关政策，对外商投资方向加以引导。(CCL语料库)

例(12)中“X”部分的“中国政府”属于国家机关名称，但是从功能来看，能做出“制订政策”这一行为的主体应具备[+有生]的语义特征，所以这里使用的是转喻用法，用“中国政府”转喻“在中国政府部门工作、有决策权的人”。“Y”部分的“外商投资方向”是由主谓短语“外商投资”作定语的抽象事件名称。

我们对“X”和“Y”位置能够出现的词语情况进行了定量[①]统计，结果见表2-1。

---

① 我们随机抽取了1 000句“对”字句，包括肯定形式和否定形式，部分语句“X”部分如出现省略的情况，则从上下文中寻找被省略词语进行补充。

表2－1　“X”和“Y”词语情况统计表

词语类型	数量	占百分比
人称代词:你/我/他(们)	907	45.35%
指人名词(人名、职务、称谓等)	545	27.25%
其他人称代词(自己/大家/人家)	55	2.75%
疑问代词(谁)	18	0.9%
指物名词(组织机构名、事物事件名等)	470	23.5%
其他类	5	0.25%
总计	2 000	100%

在表2－1中,我们可以看到,人称代词在“X”和“Y”位置出现的频率是最高的,占45.35%,其次是指人名词,占比为27.25%,指物名词虽然占比排为第三位,占23.5%,但是与指人名词或人称代词配合使用的情况居多,即“X”和“Y”构成[－有生,＋有生]和[＋有生,－有生]两种情况。其他人称代词和疑问代词占比很低,其他类是最低的。

二、谓词性“X”“Y”的指称化问题

在第二种至第四种情况中,谓词性的“X”“Y”部分主要由动宾短语、主谓短谓、状中短语等构成。例如:

(13)多个国家和组织昨天对中美达成世贸协议表示欢迎。(华民《WTO与中国》)

(14)从财政、税收方面对盲目重复建设加以限制,凡达不到合理经济规模及生产市场饱和或即将饱和产品的建设项目,均课以重税、提高贷款利率,使投资责任者感到搞这些项目无利可图,甚至可能在经济上受到损失,自然望而却步。(CCL语料库)

例(13)和例(14)中的“Y”部分由谓词性成分构成,属于上文提到的第二种情况。例(13)中的“中美达成世贸协议”为主谓短语,例(14)中的“盲目重复建设”为状中短语,均体现出谓词性特征。例(13)中的“X”部分为体词性成分,表示[－有生]。例(14)中没有直接出现“X”部分,但根据上下文语境及读者的认

知语境可知为“政府部门”类，也是体词性的，体现出[－有生]的生命度特征。

(15)喝汤对身体十分有益，但是喝汤的时间也很重要，饭前喝与饭后喝的差别就很大。(闻卓《给老爸老妈的100个长寿秘诀》)

例(15)中的“X”部分由谓词性短语构成，属于上文提到的第三种情况。“喝汤”为动宾短语，具有谓词性短语的特征。“Y”部分“身体”为体词性成分，具有[－有生]的特征。

(16)超过三分之二的父母认为：学好英语对孩子拓展全球视野大有裨益。(CCL语料库)

(17)锻炼身体对保持心脏健康最为重要。(CCL语料库)

例(16)和例(17)中的“X”和“Y”两部分均由谓词性成分构成，属于上文提到的第四种情况。例(16)中的“X”部分“学好英语”为动宾短语，“Y”部分“孩子拓展全球视野”为主谓短语。例(17)中的“X”部分“锻炼身体”和“Y”部分“保持心脏健康”均为动宾短语。

例(13)至例(17)中的谓词性成分有一个共同的特点，就是可以添加具有指代功能的短语“这件事/这种做法/这个问题”等与其共同构成一种同位语的关系，即“对中美达成世贸协议这件事表示欢迎”“对盲目重复建设这种行为加以限制”“喝汤这种做法对身体十分有益”“学好英语这种做法对孩子拓展全球视野这个问题大有裨益”“锻炼身体这种做法对保持心脏健康这件事最为重要”。可见，这几例中虽然出现的是谓词性成分，但是从语义方面分析，均表示一种事件，体现出谓词性成分的指称化特征。

“对”字句中的“X”和“Y”部分，以体词性成分为主，这符合语法的规则——主要由体词性成分充当主、宾语，但是也存在谓词性成分作主、宾语的情况。刘顺(2005)将“对”的宾语，即“Y”部分一律看成体词性的，理由是“这里谓词性成分后边都能加上指代词进行复指”，[①]我们认为这一观点有待商榷。因为并不应该从充当什么句法成分来判断语言单位的词性本身，如“学习是一件辛苦的事。”这句话中，很显然“学习”作主语，但是毫无疑问“学习”是动词，不能

① 参见刘顺(2005:188)。

说它是体词性的,也不能说出现在主语位置的成分都是体词性。词类的划分主要以句法功能为依据,但是要分清主要功能和次要功能,或者使用的经常性和非经常性。短语的功能类划分也是一样的道理,动宾短语、主谓短语、状中短语,在使用时主要还是体现其谓词性的功能,这是其主要功能,因此,不能因为在主、宾语的位置出现,或者因为可以添加同位的复指成分,就称其为体词性的,这是不符合语法规则的。

第二节　“X + 对 + Y + Z”中的“Z”

这部分我们将探讨“Z”进入“对”字句的句法条件有哪些、“Z”的语义类型和“Z”进入“对”字句的限制条件是什么。

一、“Z”进入“对”字句的句法条件

(一)动词或动宾短语

由动词或动宾短语作谓语,是“Z”部分最常见的情况。还可细分为:及物动词不带宾语、及物动词 + 宾语、及物动词 + 补语 + 宾语、不及物动词作谓语及动词重叠等多种形式。例如:

(18)出去看画展,一幅画会突然激发她的灵感,使她联想到音乐,联想到建筑,联想到诗歌创作,于是就会有无数美妙的构思奔涌而出,她就会抑制不住地要对朋友倾诉。(张清平《林徽因传》)

(19)“你是个自尊心很强的人,老马。”儿子严肃地对父亲宣布自己的看法,“所以你容易有挫折感。”(王朔《我是你爸爸》)

(20)当地那些曾对“进去过”的孩子听之任之的家长们,激动地对我们诉说起大娘的奔波走访、苦口婆心,而一些已经娶上媳妇的失足青年则满是感激地忆起大娘出资帮助自己干个体、多方联系安排就业的情景。(CCL 语料库)

(21)索尼(中国)公司先是声明否认,数日后才承认结果并对公众道歉,答应受理消费者的退货要求。(吴晓波《激荡三十年——中国企业史 1978—2008》)

例(18)中的“倾诉”为及物动词,构成“对……倾诉”,因“要倾诉的内容”已在上文出现,所以不带宾语。例(19)中的“宣布”为言说类动词带宾语的常规用法。例(20)为“及物动词＋补语＋宾语”的用法,“诉说＋起＋大娘的奔波走访、苦口婆心”是及物动词“诉说”带趋向补语后再带宾语表示诉说的内容。例(21)中的“道歉”为不及物动词,所以道歉的对象由介词“对”介引提前。

另外,“对”字句中还经常出现动词或动宾短语的重叠形式,构成VV、V了V、V一V、VVO、V了VO、V了一VO等多种动词性成分的重叠形式,这些重叠形式的存在,也辅助说明了V才是“对”字句中的谓语中心,“对”只以介词的身份出现,引出与V有关的对象。因为只有动词才具有重叠的功能,介词是不可以重叠的。

(22)“恭喜东家有这样的雄心！东家,你心里有些什么具体的想法,快对茂才说说!”(朱秀海《乔家大院》)【VV】

(23)记者飞车赶往总统府,一路闯过众多红灯,冲进总统府,停下车,对哨兵笑了笑,拿着包就直接用百米冲刺的速度闯进总统办公楼。(CCL语料库)【V了V】

(24)她在脸上敷一层薄粉,描了眉,上了点唇膏,对镜子里看一看,然后立起更衣。(王安忆《逃之夭夭》)【V一V】

(25)年轻人对我眨眨眼,又低下头,两只覆盖在西装外套底下的手不知在摸索什么。(张大春《寻人启事》)【VVO】

(26)厨师在餐具室那边对我招了招手,我纳闷地走近他,心里提防着,怕他又要搞什么花样。(残雪《残雪自选集》)【V了VO】

(27)蒋静英对她摇了一摇头,意思是叫她不必哭。(张恨水《春明外史》)【V了一VO】

这种动词性成分重叠的情况,主要出现在当“Z”表示面部表情、动作,互动体态动作及言说行为的时候。通常情况下,动词性成分重叠后,一般表示动作的短时或尝试。这里的运用,在此基础上,还体现以下一些语用意义:

例(22)中的动词“说”以“VV”的形式重叠,体现出积极鼓励或催促动作发生的含义。例(23)中的动词“笑”以“V了V”形式重叠,表示动作已发生,且动程小,略带轻微敷衍或应付意。例(24)中的动词“看”以“V 一 V”形式重叠,表示短暂地进行某种动作,侧重于做出某种行为,而不在乎行为结果。例(25)中的“眨眼”以“VVO”的形式重叠,带有轻松随意的含义。例(26)中的“招手”以“V 了 VO”的形式重叠,表示动作已经发生,但是一种可反复的动作,且动量小,反复次数少。例(27)中的“摇头”以“V 了一 VO”的形式重叠,表示动作已发生,动量小,且动作只做了一次。同时,介词“对”介引出这些动作受事,使得动词重叠后的种种含义能够有承受者。

(二)联合短语

(28)我并没大声嚷嚷,而是平心静气地说话,您却对我大喊大叫。(陀思妥耶夫斯基《罪与罚》)

(29)赫本对她的事业又爱又恨,它给了她成功的喜悦,但也让她饱尝了母子分别的痛苦。(CCL 语料库)

例(28)中的“大喊大叫”和例(29)中的“又爱又恨”均为动词性联合短语。这类联合短语的运用可以更好地表现出动作的具体性和心理活动的矛盾性,具有一定的强调作用,并且使表意更简洁。

(三)状中短语

(30)“我正要说这个,”冰沙王子对国王深深鞠躬,“我的父王,我正要献给您一位新画师。”(刘慈欣《三体Ⅲ·死神永生》)

(31)可我是个大学生,不允许别人对我高声叫嚷。(陀思妥耶夫斯基《罪与罚》)

(32)林长民对两个女儿疼爱有加,对妻子却十分冷淡。(张清平《林徽因传》)

(33)她简直对周围一切都喜欢——尽情享受眼前生活乐趣。(西奥多·德莱塞《美国悲剧》)

例(30)中的“深深”为形容词重叠作“鞠躬”的状语,表示程度。例(31)中的“高声”为名词作言说动词“叫嚷”的状语,表示方式。例(32)中的“十分”为程度副词作“冷淡”的状语，表示“冷淡”这一态度的程度。[①] 例(33)中的“都”为范围副词作“喜欢”的状语，语义指向“周围一切”，表示“喜欢”这一心理动作的范围。

(四)述补短语

(34)当他们看到一位教书先生模样的人独自行走时，便走上前去寻事，他们先撕碎那人的书，然后对那人拳打脚踢了一阵。(CCL 语料库)

(35)屋子里显得很凄凉，似乎希望完全飞走了，甚至墙壁上挂的父亲的遗容也对她哭起来。(巴金《家》)

(36)他这样做，固然不能算错，不过他对朋友应该讲清楚。(高阳《红顶商人胡雪岩》)

(37)雨翔注视着那些身边掠过的学生，对他们的快乐羡慕死了。(韩寒《三重门》)

(38)他们对自己的诺言早已忘得一干二净。(狄更斯《远大前程》)

(39)他认为欲望是社会的原动力，但对如何克服邪恶的欲望却说不清楚。(CCL 语料库)

例(34)中的“一阵”为动量短语作“拳打脚踢”的数量补语。例(35)中的“起来”作动词“哭”的趋向补语，表示“哭”这一动作的开始。例(36)中的“清楚”作动词“讲”的结果补语，补充说明这一动作的结果。例(37)中的“死”是状态心理动词“羡慕”的程度补语。例(38)中的“一干二净”是动词“忘”的情态补

---

① 关于例(32)中“对……疼爱有加”的结构，张谊生(2017:301)指出：“X 有加”的典型分布，经常与“对 N”一起充当谓语，表示程度，并认为“X 有加”中“有加”已经附缀化，将其看作是准附后缀。

刘丹青(2008:547-564)：附缀(clitic)，主要就是指失去语音独立性、必须依附于一个独立的词的句法上仍具有词的地位(而非词内语素)的成分，也可以称为“语缀、附着词、词组尾”等。

我们认为，张谊生的分析有一定道理，虽然从语义上判断，“有加”是表示程度，在此也可以替换为“疼爱极了/疼爱得很”，但是“极、很”都是可独立运用的词语，所以可以作补语，而“有加”如果不能独立，则为依附成分，并且满足刘丹青所给出的“附缀”的条件，所以我们赞同张谊生的看法，在此，把“疼爱有加”看作一个整体，不再单独分析其内部结构。

语。例(39)中的“不清楚”是言说动词“说”的可能补语,表示不能说清楚“如何克服邪恶的欲望”[①]。

通过例(34)至例(39),我们可以看到述补短语在“对”字句中出现的情况,除了时地补语,其他类型的补语[②]都可以在“对”字句的“Z”部分出现。但是可能补语的情况比较特殊,只有否定形式可以在“对”字句中单独出现,肯定形式则不被允准单独出现。不过,可能补语能够以肯定和否定对举的形式出现。例如:

(40)这件事对家长说得,对孩子说不得。

(41)这种情况对有经验的人讲得清楚,对没经历过的人讲不清楚。

这两个例子体现了可能补语的两种情况:①在动词后加“得”或“不得”:说得——说不得;②在结果补语或趋向补语中插入“得”或“不”:讲得清楚——讲不清楚。只带有可能补语否定形式的句子可以单独成句:

(40a)这件事对孩子说不得。

(41a)这种情况对没经历过的人讲不清楚。

但是只带有肯定形式的可能补语却不可以单独成句:

*(40b)这件事对家长说得。

*(41b)这种情况对有经验的人讲得清楚。

这说明可能补语的肯定形式和否定形式在“对”字句中运用的情况是不对称的。

陈一(2006)提出了“对举结构”的相关概念:“互依性对举”和“偏依性对

① 我们认为,“说清楚”是结果补语,“说不清楚”是可能补语(肯定形式是“说得清楚”,当然,这也可以是情态补语,具体区分方法详见黄伯荣、廖序东二位先生主编的《现代汉语》,本书不在此展开说明),“没说清楚”是结果补语的否定形式,因为“结果”要求是已经完成的,才可以出现“结果”,“不”表示未然,“说不清楚”表示还没有做,是认为的一种可能性,“没说清楚”中“没”是对已然的否定,表示已经说了,结果是没有让对方理解,“没”否定的是结果“清楚”,而不是言说动作“说”。

② 这里的补语类型我们按照黄伯荣、廖序东二位先生主编的《现代汉语》(增订六版)中的介绍,将补语类型分为七类:程度补语、数量补语、趋向补语、结果补语、情态补语、可能补语和时地补语。

举"。我们认为以上出现的可能补语的肯定形式和否定形式在"对"字句中的对举结构运用情况，就属于"偏依性对举"。因为，否定形式的可能补语可以在"对"字句中独立使用，而肯定形式的可能补语不能在"对"字句中独立使用，需要依附于否定形式的可能补语分句，共同在"对"字句中出现，形成对举句式，才能成立，这符合"偏依性对举"结构的要求。

在"对"字句中，不仅存在两种否定形式使用的不对称，还存在肯定形式和否定形式使用的不对称。通过前文我们已经了解到，可能补语的否定形式在"对"字句中可以自由运用，是自足结构；而可能补语的肯定形式在"对"字句中不能自由运用，是非自足结构。二者的自足与不自足情况是不对称的。

刘月华(1989)曾对100万字的语料进行统计，得出结果见表2－2。

表2－2　可能补语使用数量统计表

肯定式		否定式	
形式	数量	形式	数量
V得C	24个	V不C	1 211个
V得了	6个	V不了	238个
V得	25个	V不得	179个

这是从使用频率的角度进行的解释。因此，我们在"对"字句中没有找到可能补语的肯定形式的自足用法，也就不奇怪了。

吴福祥(2002)从语法化的角度考察了"V得/不C"结构，给出了相应的解释。我们认为，在"对"字句中可以出现"V不C"类能性结构，因为它已经固化为可能式了。

沈家煊(2005)从语用逻辑出发，曾经对"V得C"与"V不C"使用的不对称给出了解释，分别从"省力原则"的"不过量准则"、"不可能实现"单向蕴涵"没有实现"、"不可能实现"是"没有实现"的"回溯推理"几个方面解释了二者的不对称性。[①] 我们认为，沈先生的解释是很有说服力的，在"对"字句中，使用"V不

① 详细解释参见沈家煊(2005:192-196)。

C”类结构表可能,是可以自足成立的,“对……说不清楚”已经单向蕴涵了“说清楚”这一行为没有实现,不需要依赖于语境,即“V 不 C”表可能的信息量大于表结果。例(40)中的“对……说不得”否定了“说”这一行为,也使其表达了这一行为不可能实现的含义,即从“没有实现”推导出“不可能实现”的“回溯推理”过程。

此外,我们还想从功能语言学的视角[①]来做一点补充。肯定和否定能性结构的概念功能和语篇功能差别不大,但是人际功能却不太一样。在常规性的交流互动中,更多地是表述做某事后的结果(VC),一般不会特意强调某人有能力去做某事的可能性(V 得 C),只有当我们要强调具备某种能力去完成某件事情时,才会使用“V 得 C”形式,否则,它只是一个缺省值(default value),是不需要出现的。而“V 不 C”往往体现的是一种信息的传递,一种情况的推断,或者表现的是言者的态度等。在例(41)“这种情况对没经历过的人讲不清楚”中,“讲不清楚”一方面体现了言者的判断:因为没经历过,所以不了解,不能体会,导致讲了也会不清楚其中的具体含义;另一方面也表明了由此引发言者主观上不想表述出来的态度。因此,“V 不 C”表达的人际功能更丰富,更适宜“对”字句需要有对象介引和互动的语用要求。

由于“对”字句中不能出现可能补语的肯定形式,这就造成了使用情态动词和可能补语表达能性范畴的不对称。

很多语言都使用情态动词来表达能性范畴,汉语中除了使用情态动词,还可以使用可能补语来表达,所以就有了两套表达能性范畴的方式。具体体现在“对”字句中的情况如下:

(40a)这件事对孩子说不得。——(40a′)这件事对孩子不能说。

(41a)这种情况对没经历过的人讲不清楚。——(41a′)这种情况对没经历过的人不能讲清楚。

---

① 这里我们采用 Halliday 的功能语言学分类,将语言的功能分为概念功能、人际功能和语篇功能。概念功能是语言在人们的现实世界中的各种经历的表达;人际功能是对言者的身份、地位、态度、动机的表达,以及其对事物的推断、评价等的表达;语篇功能是在语义层面,把语言材料组织成语篇的功能。

可是在肯定形式中，却出现了使用的不对称情况：

＊(40b)这件事对家长说得。——(40b′)这件事对家长能说。

＊(41b)这种情况对有经验的人讲得清楚。——(41b′)这种情况对有经验的人能讲清楚。

可能补语和“能＋VP”结构在肯定性“对”字句中都可以表示能性结构，但是可能补语的运用是不自足的，需要与否定形式的可能补语构成对举结构，才可以使用；“能＋VP”可以表示“有能力、有条件实现某种动作的结果”，在“对”字句中可以自由运用，是自足的。[①] 这就呈现出了二者的不对称。

(五)连谓短语

(42)外婆迎上琳茜的目光，对她眨了眨眼说：“霍尔、巴克利和我烤了一些巧克力蛋糕，如果你们饿了，我还有一些冷冻的意大利千层面，我可以帮你们解冻。”(爱丽斯·西伯德《可爱的骨头》)

(43)史科莲回过脸来对二位夫人摇了一摇头道：“这样子，老人家不中用了。支出一笔款子来预备后事罢。”(张恨水《春明外史》)

例(42)中表示表情的“眨了眨眼”和表示言说的“说”连用。例(43)中表示体态的“摇了一摇头”和表示言说的“道”连用。连谓短语的特点是不能够颠倒前后词语的顺序，即不能更改为“对……说眨了眨眼”“对……道摇了一摇头”，这都是不成立的。

二、“Z”的语义类型

“对”字句中的“Z”部分，是整个句子的核心，“Z”部分有着丰富的语义类型，“Z”的语义不同情况决定了与不同的“X”“Y”之间的呼应，也决定了介词“对”的不同含义和功能。

---

① “能＋VP”在表示能性结构时，还可以将情态动词“能”放在主语后、“对”字结构前，如“这件事对家长能说。——这件事能对家长说。”但是由于情态动词位置的变化，其表达情态的范围也发生了变化，前者表示“说”这一动作是被允许的，能实现；后者表示“对家长说”这一行为的可实现性。

（一）表情体态 VP

我们将在“对”字句中出现的表情、体态 VP 分为三类：

①笑、哭、微笑、眨眼、挤眉弄眼、皱眉、瞪眼、使眼色、伸舌头、做鬼脸。

②招手、摇手、挥手、摆手、敬礼、行礼、鞠躬、作揖、鼓掌。

③点头、低头、摇头、抬头。

（44）我只是对他微笑，然后敲了敲车窗回应他，接着把钱给了加油站的服务人员。（王纪尧《盛夏光年》）

（45）在花店里，有个穿黑皮短裙的女孩子对我挤眉弄眼，我没理她。（王小波《白银时代》）

（46）他举着小狗，对小狗伸伸舌头，小东西也对他伸舌头，他乐了，笑起来。（琼瑶《聚散两依依》）

以上各例中的“Z”部分，都由表情类动词或动词性短语充当，常见的有“笑、哭、微笑、眨眼、挤眉弄眼、皱眉、瞪眼、使眼色、伸舌头、做鬼脸”等词语，由介词“对”引出受事对象。由于能发出此类表情的行为主体都具有[+有生]的语义特征，且多为表人的对象，因此要求“X”部分作为动作的发出者，要根据“Z”的语义要求，由具备此特征的词语充当，如人称代词、指人名词、动物类有生名词等。例（44）中的“我”为人称代词，例（45）中的“女孩子”为指人名词，例（46）中的“小东西”指代“小狗”，均具备[+有生]的特征。“Y”部分是此动作的呼应者，因此也要求“Y”应为具有能与“X”呼应特质的词语充当，要具备[+有生]的语义特征，如表人或表动物的名词、代词等，例（44）到例（46）中的“他”“我”均为人称代词。

（47）“再见！再见！”她对岸上挥手，喊着。（琼瑶《青青河边草》）

（48）她一到走廊里去，病房里的人就对她鼓掌，表示他们的祝贺、敬意和鼓励。（张洁《世界上最疼我的那个人去了》）

（49）但绥芬河市这名交警对他先敬礼，在指出他的违章行为后，告诉他应走的路线，然后提醒他下次注意。（CCL 语料库）

（50）洪兴国从连旗下经过，将背包倒手给高城，珍而重之地对那旗敬礼。（兰晓龙《士兵突击》）

以上各例中的“Z”部分,都表示互动体态性动作,常见的有“招手、摇手、挥手、摆手、敬礼、行礼、鞠躬、作揖、鼓掌”等词语。这些动作都是单方面发出的,之所以称为“互动动词”,是根据动作目的命名的,因为一方发出的动作是为了与另一方互动。由介词“对”引出受事对象,多为表人对象,即有生命体,但也存在非生命体的表物对象,如例(50),以及表示方位类的词语,如例(47)。在例(47)中,虽然“Y”位置出现的是方位短语“岸上”,但这里是转喻用法,实际所指为“岸上的人”,我们可以与以下句子进行对比:

(51)两个人站在小船上,还不住地对岸上众人挥手,而岸上的人,一面拼命挥着手,一面开始对世纬“喊话”……(琼瑶《青青河边草》)

可见,例(47)中的“岸上”是以方位来转喻所在方位的人,因此,转喻后的对象也是有生命体。根据原型范畴化理论和家族相似性理论①,我们分析一个词语、一类词语的功能,首先要明确其主要功能。“敬礼、行礼”等词语的原型用法、典型功能是对人的,“敬礼、行礼”的对象主要是有生命体,如例(49)。而例(50)可以看作是其引申的、边缘的用法,因为这里出现的非生命体受事对象多为“国旗、连旗”这类词语,这类词语是有象征意义的,能够让人“敬礼、行礼”的一定不是单纯的一面旗帜,而是其所代表的内涵义。向国旗敬礼,是因为其代表着一个国家,而我们常常说“祖国母亲”,在使用代词时,都会用“她”,因此,在这里把物当作了人,从修辞来讲,是拟人用法;从语用的角度来看,我们将其理解为从人到物的“移情”作用②,将对人的感情主观转移到被看作和人一样具有感情的物上,体现出无生命体的有生命化。“向国旗敬礼”表达的是对国旗所

① 维特根斯坦(1996)指出范畴各个成员之间未必具有共同特征(attributes),他用“游戏”范畴来说明:这是一种错综复杂的互相重叠、交叉的相似关系的网络,有时是总体上的相似,有时是细节上的相似,并将其称为“家族相似性”(family resemblance)。

袁毓林(1995)提出了汉语词类范畴的家族相似性,认为属于同一词类的词有典型成员和非典型成员之分,典型成员是一类词的原型,是非典型成员归类时的参照标准。

② 移情(empathy):说话人将自己认同于话语中所描写的事件或状态中的一个参与者(转引自沈家煊,2008:390)。刘正光(2011、2012)将移情视为语言主观性和主观化的一部分,因此将移情和主观性结合起来称为主观移情。移情是将人的主观感情通过一定的构式移到客观的事物上,反过来又用被感染了的客观事物衬托主观情绪,使物人一体,能够更集中地表达强烈感情。

代表的祖国的尊敬,而祖国就是每一个国家公民的母亲;“向连旗敬礼”表达的是对连旗代表的连队的热爱,而连队就是每名战士的家。因此,“敬礼、行礼”的对象从本质上来讲,还是体现其有生命的一面,无生命体也是被看作具有[+有生]的特征,才可以与其搭配使用。

另外,在“对”字句中出现的“点头”“低头”类词语,除了和②组词语一样表示真实的互动体态性动作,还有其隐喻和转喻的功能:

(52)如果你是属于业务方面的工作,只有在别人对你的报价点头时,你才真正在赚钱,其他一切难活儿,都只是准备工作而已。(CCL 语料库)

(53)由于香港佣人缺乏,所有做女佣的人,架子都很大,动不动就用辞工来威胁主人,令主人对她低头。(岑凯伦《合家欢》)

(54)她用叉子高高叉起一块鸡腿,说:“吃了,你的腿会强壮。”又叉起翅膀说:“吃了,你的胳膊会强壮。”又叉起鸡头说:“里面有脑子,吃了,你会变聪明。”我对她的每句话都摇头。(赫塔·米勒《一颗热土豆是一张温馨的床》)

(55)不过自从我证实脐石大人是如假包换的狸猫,族人对他的评价瞬间抬头,认为脐石大人真了不起,又开始勤于拜访。(森见登美彦《有顶天家族》)

这里出现的“点头”“低头”“摇头”“抬头”已经不单纯是表示人体动作的词语,从它们在句中起到的作用可以判断,在这里已经是隐喻和转喻的用法。关于“对”字句的隐喻和转喻用法,我们将在第 5 章进行具体的分析。

当然,“对”字句中还是存在表情和体态类动词连用的情况的,这正符合动作动词的特点。例如:

(56)我在台上的 15 分钟,俞丽拿的目光一直没有离开我,并不时对我点头微笑。(CCL 语料库)

(二)言说 VP

可以在“对”字句中出现的言说动词常见的有:说、讲、喊、吼、道、诉说、倾诉、咒骂、说谎、喊叫、吼叫、叫嚷、嚷嚷、起誓、发誓、打招呼、倾吐心曲、道歉、宣传、坦白、吐露、承认、说明等。例如:

(57)宋建平目送她的背影消失在楼梯拐弯处,同时若有所思地对妻子说:“小枫,你是不是也可以考虑一下去上一上舞蹈课?”(王海鸰《中国式离婚》)

(58)她故意对我大声嚷嚷,说要去上厕所。(麦家《风声》)

(59)四川省建材工业科学研究院院长何守普对笔者讲了一番意味深长的话。(CCL 语料库)

(60)阿里在 11 日的仪式上费劲地用含糊不清的语言对在场观众吐露了自己的心声。(CCL 语料库)

(61)我不断地做这种梦,我在梦里声嘶力竭地对妈妈喊叫。(残雪《残雪自选集》)

在例(57)至例(61)中,“对”介引出说、讲、喊叫等言语行为面对的对象,言说动词可以直接带上表示言说的内容,以直接引语或间接引语的形式展现出来,如例(57)和例(58);也可以概括性地体现言说内容,如例(59)和例(60);还可以只体现出言说的动作,如例(61)。但是“吐露”类言说动词要求必须带有宾语或补语,不可以只出现言说动作,一定要有言说内容或对动作的补充说明。例(60)就是必须带宾语的情况,还有少数情况下会以带趋向补语的形式出现。例如:

(62)我逼问他好半天,那个诚实的老人才把什么都对我吐露出来。(亨利克·显克维支《你往何处去》)

另外,“道歉、坦白、说明”等词语也可以表示言说的意思,例如:

(63)我知道你对我用情已深,我几次三番要对你说明实情,却话到嘴边又说不出口。(琼瑶《水云间》)

(64)事实上,你大可对我坦白,因为从失火的那天晚上开始,我早已知道你心里的秘密!(琼瑶《鬼丈夫》)

(65)主人对公主道歉了一番,同时告诉她说,那不过是一朵菜花。(安徒生《安徒生童话故事集》)

以上几例中出现的“说明、坦白、道歉”等词语,在此都可以替换成典型的言说动词“说”,语义没有较大改变,只是运用“说明、坦白、道歉”等词语可以将“说”的形式更具体化,因此,这类词语不仅可以表示一种行为,也可以表示言说。

“道”是一个比较特别的言说动词,在“对”字句中,既可以单独使用,也经常与其他表示言说的动词共同构成“Z”部分。例如:

(66)“你这样我才称心呢,”伏脱冷对他道,“你做的事,你心中有数。行啦,我的小老鹰!你将来一定能支配人;你又强,又痛快,又勇敢;我佩服你。”(巴尔扎克《高老头》)

(67)1666年,土耳其首相对法国大使突然叫嚷道:“难道我不知道你、你是一个邪教徒……”(斯塔夫里阿诺斯《全球通史》)

例(66)是“道”单独作为言说动词使用的情况,例(67)中的“道”附在言说动词“叫嚷”的后边,共同承担言说动作的任务。类似的表达还有“吼叫道”“吐露道”“解释道”等。

另外,还有一些表情动词、互动体态动词与言说动词一起使用的情况,例如:

(68)李卫东对拉拉挤眉弄眼道:“这位身体可真好!”(李可《杜拉拉升职记》)

(69)张铁生每次路过婴儿室时,小护士都对他招手说:“来看看你女儿。”(CCL语料库)

例(68)是表情动词“挤眉弄眼”与言说动词“道”合用的情况。例(69)是互动体态动词“招手”与言说动词“说”合用的情况。那么,为什么这两类动词可以共同在“对”字句中一同使用呢?这是因为无论是表情、体态还是言说,都是由“对”引出受事对象的,“对”在其中的含义是相同的,都表示“朝、向”意,所以可以在一个句子的谓语部分共同表义。

(三)形式动词+动词性宾语(O_V)

1. 关于形式动词的研究

关于形式动词,吕叔湘(1980)、言久圣(1981)、宋玉珂(1982)、袁杰、夏允贻(1984)、朱德熙(1985)、范晓(1987)、李临定(1990)、毛宏愿(1997)、刁晏斌(2004)先后都曾对其进行过研究。“形式动词”的名称是由吕叔湘先生(1980)首次提出的,认为其是“本身不具有实在意义而只能以动词名词化形式为宾语的动词”。后期研究中多沿用了这一名称。

形式动词是一个相对来说较封闭的类,但是不同的语法学者确定的研究范围差别很大,从一个到几十个不等。考虑到形式动词也有典型和非典型之分,我们要考察的是其在“对”字句中出现的情况,所以还是以典型的形式动词为准。本书将按照大多数学者的研究范围，选择其中最典型、最有代表性的几个形式动词作为研究对象，即：进行、加以、予以、给予、给以、作（出）。

关于形式动词的功能，朱德熙先生（1985）指出，谓语动词位置上的形式动词由于“原来的词汇意义已经弱化”，并没有什么实际的词汇意义，只是在形式上表现为一种动宾结构，使动词性宾语的受事能出现在动词性宾语的前面，因此具有标志前置受事的作用。张斌（2010）也指出形式动词具有动词的形式，但不具有表示动作的实在意义，在句法结构中不能独立完成谓语的陈述功能，而是引导着具有实在意义的动词出现，以完成谓语的陈述功能，所以称为形式动词。

可见，无论给这类词语怎样命名，前辈学者们对其一致的看法就是：形式动词是没有实在意义的，由其后边所带的动词性宾语来表达全句的动作义。但是在后期的研究中，开始出现不同的观点。以李桂梅（2012）为代表，其从事件框架的角度入手，认为形式动词虚化后，原来的词义有不同程度的残留，含有“主动施为”的意义，全句形成了一个包含决意要做某事的行为动机次事件和具体行为动作次事件的特定的事件框架。

李晗蕾（2003）也认为形式动词并没有完全虚化。虽然从静态的角度来看，形式动词在句子中好像是可有可无的，去掉后对句子的整体表义几乎没有什么影响；但是如果从动态的角度来看，形式动词却是语言信息传递过程中必不可少的成分，具有特殊的语用功能。李桂梅主要从言语行为的角度分析了形式动词“加以”的语用功能。她认为，形式动词谓语句不是通过“命令、发誓、宣布”等实义动词直接表示某种言语行为的，而是通过“DV + V”[①]的结构间接表示实施某种动作行为的。其中“DV”具有强烈的主观意图，是要听话人实施某种动作行为（V）的指令，“V”是听话人应该实施的动作行为。

我们认为李桂梅（2012）和李晗蕾（2003）的共性是都强调了形式动词并非完全虚化且毫无意义，而是具有主动实施某种动作的作用，即“主动施为”，我们对此表示赞同。因为从认知功能学派的语言观来讲，“一种形式有一种意义，一种意义有一种形式”[②]。其实语言中不会存在两种形式不同但意义完全相同的表达方式，

---

① “DV + V”，DV 是 Dummy Verb（形式动词）的缩写，V 指其后所带的动词性宾语，即 O_V。

② 参见张伯江（2009）。

形式上体现出的差异必然会在语义层面有所反映。所以，形式动词句和非形式动词句（即由动词性宾语直接作谓语的句子）表义一定是存在差异的。

但是李桂梅（2012）和李晗蕾（2003）都没有指出介词“对”在形式动词句中的作用。李桂梅（2012）提到有大量的“对…… + 形式动词 + VP/AP”结构，指出对象性信息是所有形式动词句式中最多、最常出现的信息。其实，这正源于介词“对”在句中所起到的标记对象性信息的作用，也正是因为“对”介引出 O_V 的受事对象，才使得句式得以成立。同时，“对”将 O_V 的受事对象引出，体现了全句的主观性意愿，也辅助形式动词实现了其“主动施为”的意义。而 O_V 具有自主动词的性质，也可以体现出一种主观性，因此，可以得出结论：“对…… + 形式动词 + VP/AP”全句是主观性的，言者在选择使用形式动词“对”字句时，传递出其实施某种行为或实现某种目的的决心，具有主动施事意图。下面我们就通过实例来进行说明。

2. “形式动词 + O_V”在“对”字句中的情况

在“对”字句中，“Z”部分的典型情况就是由形式动词[①]带上动词性宾语（O_V）构成。我们先来看几个例子：

(70) 最近，记者专门对江苏监理试点进行调查与采访，得到深刻的印象是，当一批批环保警察全天候在前沿阵地上执法，便使原来不尽人意的微观管理状况大为改变。（CCL 语料库）

(71) 1975 年，邓小平同志视察金山上海石化总厂工地时，对工程建设加以赞许，提议国务院在那里召开全国重点基建项目现场会，总结推广他们的建设经验。（CCL 语料库）

(72) 中国还将继续对周边地区给予援助，提供种子、化肥和农业技术，增加收入，派专家帮助他们实施替代发展。（CCL 语料库）

(73) 专家们由此呼吁，在提高教师工作待遇、减轻工作量的同时，全社会都要对教师的工作予以支持和理解。（CCL 语料库）

---

① 本书要研究形式动词在“对”字句中的情况，对于形式动词内部成员的范围不进行讨论，我们只选取学术界公认的一定是形式动词的成员——进行、加以、予以、给予、给以、作（出），考察其在“对”字句中使用的情况。

(74)面对这种局面，扶持高雅文化，对通俗文化给以指导，逐步提高它的审美品位，才是聪明的做法；如果采取提倡一个打倒另一个的做法，那就是不明智之举。(CCL 语料库)

(75)荷兰《忠诚报》15 日应司法官要求刊登了这则广告，广告要求玛加丽塔公主的丈夫埃德温·范·祖伊德维于明年 1 月 21 日前对离婚请求作出回应。(CCL 语料库)

在例(70)至例(75)中，我们可以看到，形式动词都是黏宾动词，后边必须带上宾语，充当宾语的动词作为形式动词的后续动词，不能再带宾语，因此后续动词所要施加的对象或事项，在句子里常常出现在形式动词的前面。使用介词“对”来引出对象，就是最常见的一种表达方式。有时还会连续使用几组“形式动词 + O_V”，例如：

(76)凡违反规定，伪造、涂改、隐匿或销毁病历的，一经发现，对医疗机构要予以警告，对主管人员给予纪律处分，对直接责任人员要吊销执业证书。(CCL 语料库)

(77)对健康的趣味要加以倡导，对平庸的趣味要给以引导，对低级的趣味要予以批评。(CCL 语料库)

(78)在实际生活中，决策者面临的并不是一个既定的问题，而必须首先对所谓的问题加以明确并予以说明。(CCL 语料库)

(79)经国际饮水资源保护组织对白山矿泉水进行 203 项指标化验、检测、评估后认为，该地矿泉水完全可以与阿尔卑斯山和北高加索山天然矿泉水相媲美，是世界三大矿泉水富集地之一。(CCL 语料库)

(80)国家不直接干预，而是通过立法等，对企业分配行为加以指导、规范和宏观调控。(CCL 语料库)

例(76)和例(77)中连续使用两个或两个以上的“对 + 形式动词 + O_V”的结构，例(78)中运用“对 + 形式动词$_1$ + O_{V1} + 形式动词$_2$ + O_{V2}”的表达，例(79)和例(80)则使用“对 + 形式动词 + O_{V1} + O_{V2} + O_{V3}”的表达形式。从表达效果来看，以上各例句均可以起到加强语势，增强表现力的作用。当换用不同的形式动词时，虽然表义基本相同，但却避免了单调。

下面我们来分析一下形式动词句中的“Z”部分，它由形式动词“进行、加以、予以、给予、给以、作(出)”等带动词性宾语(O_V)构成。这类动词性宾语有一个共同的特点：都是兼有名词性质的双音节动词①，从形式上看，出现在其前面的修饰语只能是可修饰名词性成分的名词、形容词、数量短语等，不能是副词。因为此类词语处于形式动词的宾语位置上时，更倾向于具有名词性成分的功能。但是从意义上看，它们才是句子中具体的动作行为，因为形式动词不具备独立表达事件信息的自足性，需要与 O_V 协同共现进行表达。O_V 与介词“对”的宾语 NP 之间存在一种隐性语法关系，介词宾语 NP 在意念上受 O_V 的支配，是其受事，主语 S 是 O_V 的施事。从表义来看，这类 O_V 都是自主动词②，因此可以在意念上支配介词宾语 NP。但是，从整体的句式来看，O_V 部分并不能完全承担句子的谓语功能，而是由“形式动词 + O_V”来共同完成的。由于形式动词占据了句子动语的位置，使得 O_V 从句子的核心动词转变为形式动词的宾语，无法再带受事宾语，所以，就需要将受事宾语提前引出，这个任务由介词“对”来完成。因此，在形式动词句中，介词“对”的作用是显而易见的，这也是为什么形式动词句中存在大量“对”字句的原因。试比较：

A	B
对江苏监理试点进行调查与采访——	调查、采访江苏监理试点
对工程建设加以赞许——	赞许工程建设
对周边地区给予援助——	援助周边地区
对教师的工作予以支持和理解——	支持、理解教师的工作
对通俗文化给以指导——	指导通俗文化
对离婚请求作出回应——	回应离婚请求

很显然，A 组中使用了“对”字句的结构，使得“形式动词 + O_V”共同构成谓语部分，“对”分解了 O_V 原有的带宾语的功能。相对而言，B 组中 VP 作动语、带宾语的功能，被“对 + 形式动词 + O_V”三部分给分解开来。

---

① 沈家煊(1999:278)《不对称和标记论》对此类动词进行了分析与描述。

② 马庆株(1988:178)在《自主动词和非自主动词》一文中指出：在“加以、严加、予以、进行、受到”等动词后出现的动词宾语一般只能由自主动词充当。

如图2－1所示，B组中的VP原有功能是表示句子中动作的核心语义并完成作动语、带宾语NP的作用；A组将B组的VP分解为“$DV+O_V$”，共同完成句子中核心谓语的功能，但由于原有VP转变为O_V，不再具备带宾语NP的功能，所以由“对”来完成此项功能。与B组相比，A组中的O_V只保留了原有VP的语义，与NP在意念上构成受事关系。那么，这种功能的分解，与原来的VP具有的功能相比，是完全对等的吗？答案当然不是。

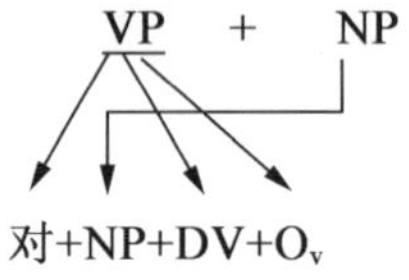

图2－1

我们可以将B组中的VP具有的功能分为以下几个部分：

a. 作动语

b. 表动作义

c. 带宾语NP

如果将VP的整体功能看作M的话，那么就可以表述为：M(a＋b＋c)。

同理，A组的功能分为以下几个部分：

a. DV作动语

b. O_V表动作义

c. “对”带宾语NP

d. DV表主动施为

如果将A组的整体功能设定为N，那么就可以表述为：N(a＋b＋c＋d)。

我们可以将二者进行对比：

$$M(a+b+c)\underline{\quad ?\quad}N(a+b+c+d)$$

很显然：

$$Ma+Mb+Mc\underline{\quad <\quad}Na+Nb+Nc+Nd$$

如果Ma＝Na，Mb＝Nb，Mc＝Nc的话，那么Nd就是形式动词句与原有一般主动宾句的区别，即增加了主动施为的功能，而这种功能的实现需要以Nc的支持为前提条件，即由“对”引出 NP。[①]

3. O_V 的语义特征、语法特点及其指称化功能

出现在“对”字句中形式动词后的 O_V 多为双音节动词[②]，常常带有[+言说][-相互][+单向]等语义特征，这主要与其进入“对”字句有关系，下面我们一一进行说明。

我们发现形式动词后的 O_V 很多都具有[+言说]的语义特征或者在动作实现过程中需要伴随着[+言说]特征的行为，如回答、辩论、起诉、解释、答辩、讨论、宣传、采访、讲评、批评、询问、答复、教育、论证、批判、评述、承诺、威胁、描述、审问、分析等词语，因此可以将此形式看作是介词“对”引出言说对象的进一步虚化的用法，在言说的基础上增加了主观性，是一个通过言说方式或伴随言说的主动施为的过程。但是，与“对”所介引的言说动词句相比，在形式动词“对”字句中，O_V 的范围得到了扩大，除具有[+言说]的语义特征，形式动词所带的 O_V 还可以是“援助、反省、制裁、赔偿、修改、清算、调查、改革、比较、研读、计算、干预、考虑、解决、控制、让步、约束、预防、惩罚、反击、保护、调整”等具有[-言说]特征的词语，可见，与介引体态、言说类动词相比，“对”介引的对象范围扩大了。[③]

“扩展”(extension)是汉语介词功能发展的主要机制。扩展主要体现在两个方面，一是介词宾语的扩展，二是介词短语修饰谓词的扩展。[④] 我们认为，这两种扩展形式在形式动词“对”字句中都有所体现。“形式动词 + O_V”正是“对 +

---

① 当然，除了介词“对”，也可以由其他的介词来完成这项工作，但是从数量上来说，用介词“对”引出是最多的。参见李桂梅(2012:85)。

② 张国宪(1993)的研究指出，音节形式对词性有很大的影响，他根据单双音节的不同建立了从动词到名词的连续统：单音节动词 > 单音节形容词 > 双音节形容词 > 双音节动词 > 名词。从单音节动词到名词，动词性依次减弱，名词性依次增强。在张国宪所列的连续统中，我们可以看到双音节动词是最靠近名词的，这从一个侧面反映了形式动词“对”字句中 O_V 从陈述到指称功能的变化倾向是符合动词到名词的变化规律的。

③ 关于介词“对”的虚化问题，我们将在介词“对”的功能演变与“Z”部分的内部关联性一节进行具体分析。

④ 详见张美霞(2016a:223)。

NP”后所修饰谓词的不断扩展，为介词“对”的进一步虚化提供了条件。介词宾语的扩展形式也是因为进入了形式动词句才获得的，例如：

(81)1995年7月18日，抚州地区反贪局根据群众举报，对抚州地区邮电局所属兴达通讯总公司器材公司经理万国富涉嫌受贿予以传唤，并于7月22日立案侦查。(CCL 语料库)

此例中介词宾语由一个复杂短语构成，外层为主谓结构，其中主语部分又由一个同位短语构成，分析如下：

抚州地区邮电局所属兴达通讯总公司器材公司经理万国富涉嫌受贿

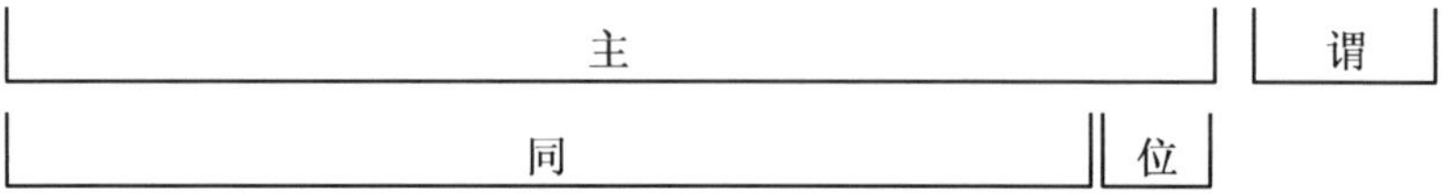

如果是在口头表述或一般主动宾句中，对于“万国富”的身份介绍更多会选择使用一个分句，而不会以同位语的形式呈现，所以形式动词“对”字句更适合书面表达，严谨性更强。

另外，O_V 还具有[－相互][＋单向]的语义特征，因为在形式动词句中有一类 O_V 是不能在“对”字句中出现的，这就是表示相互关系的动词。例如，“谈判、和解、合作、战斗、座谈、会谈、会晤、交换、交谈、交往、交际、交流、交易、协商、竞争”等①，从词义来看，行为动作的发生必须要求两个或两个以上的施事或主体参与，这些动词在使用时，需要主语有“复数”的含义，或者由“和、跟、同、与”类介词引出交互动作的对象，不能在形式动词“对”字句中以 O_V 的形式出现。这说明“对”字句中形式动词后的 O_V 具有[－相互]、[＋单向]的语义特

① 张斌(2010:106)称其为“交互动词”。张谊生(1996,5:332-333)在《交互类短语与连介兼类词的分化》一文中，列举了大量的交互类词语，并将其分为对待类、相对类和关系类，指出其具有[＋相互]的特征。袁毓林(1989,1998,2010)将这类词称为“协同动词”，并认为该类词由表示动作或状态的两个或两个以上的个体协同作用而形成，在句法上要求其主语是由两个或两个以上的名词性成分构成的联合词组，或者是表示复数的词或词组，或者两个名词性成分的其中一个由介词引入。从配价的角度讨论了协同动词的语义特征和句法表现。周晓君(2018)对比了多种语言的相互结构表达，对相互动词、相互名词、相互形容词、相互代词、相互副词等进行了全面的分析，其中的相互动词即为不可以在形式动词“对”字句中 O_V 位置出现的词语形式。

征，正好与介词“对”所表示的“朝、向”的方向性含义相匹配，是介词“对”的方向性的延续，是其语义进一步抽象后，在形式动词句中对 O_V 的语义特征有限制作用。在“对”字句中，S 与 NP 之间依然存在一种单向的、从 S 到 NP 的动作方向性的延伸。例如：“妈妈对孩子进行教育”是“妈妈”（S）主动实施“教育”（O_V）这种动作，动作的承受者是“孩子”（NP），即“教育”（O_V）这一动作的方向性是从“妈妈”（S）到“孩子”（NP）。因此，只有符合这种[+单向]语义特征的 O_V 才有可能在带有形式动词的“对”字句中出现。

O_V 在形式动词后出现，不同于一般的动词，从语法功能来看，其扩展形式受到一定的限制，没有向后扩展的情况，如带宾语、补语等，只有前扩展，而且只有前加定语的形式。我们将其前加定语的情况分为两种：一种是必加型，另一种是选加型。

有一些 O_V 不能在形式动词后直接出现，必须加上定语才可以使句子成立，我们将这种情况称为“必加型”定语。例如：

(82)总行还根据资产负债比例管理的考核情况，按三种不同类型对分地行进行了区别对待，对经营管理状况较好的一类分支行实行了信贷规模和资金的倾斜，对经营管理状况较差的三类分支行，在信贷资金使用上进行必要的限制。(CCL 语料库)

*(82′)总行还根据资产负债比例管理的考核情况，按三种不同类型对分地行进行了对待……。

(83)在今天此间举行的记者招待会上，世界大学生体育联合会主席内比奥罗对福冈为承办有史以来规模最大的本届大运会所作出的努力进行了高度称赞。(CCL 语料库)

*(83′)……对福冈为承办有史以来规模最大的本届大运会所作出的努力进行称赞。

(84)物业买受人在与建设单位签订物业买卖合同时，应当对遵守业主临时公约予以书面承诺。(CCL 语料库)

*(84′)……应当对遵守业主临时公约予以承诺。(表义不完足)

例(82)至例(84)中出现的 O_V 都需要在前边添加定语，才能使句子成立。

通过例(82′)至例(84′)的对比,我们可以清晰地了解到这一点。特别是在例(82)中,如果不添加定语,“对……进行对待”的表述是完全不成立的,例(83)和例(84)中如果不添加定语,则给人表义不完足的感觉。我们检索了 CCL 语料库,以上几例,没有发现不加定语可以成立的情况。

下面我们再来看看 O_V 的“选加型”定语的情况:

(85)我希望在决定购买贵公司生产的大批塑胶花产品之前,首先要对贵公司现状进行一次实地考察。(窦应泰《李嘉诚家族传》)

(86)政府决策者在面对管理中出现的种种困难时,常常想对城市发展加以种种控制,甚至不惜强行疏散城市人口和产业。(CCL 语料库)

(87)希望中国企业家来坦投资,与坦桑尼亚人民做生意,坦桑尼亚政府将对所有投资项目给以一切必要的支持。(CCL 语料库)

(88)瓯海区政府先后发布了 4 个整治通告和 3 个补充规定,明确规定机场近围的 299 座瓷窑必须拆除,并拿出 600 万元作为补偿资金,对在规定期限内自动拆除的瓷窑给予 0.8 万至 5.2 万元的经济补偿。(CCL 语料库)

在例(85)中,O_V“考察”前有两个定语“一次”和“实地”,特别是“一次”作为数量短语,作定语时所修饰成分多为名词,名词的语法特征之一就是受数量短语修饰,可见,O_V“考察”在这里的功能已经由陈述转变为指称。例(86)中的“种种”也是常用于修饰名词性成分的定语,说明“控制”一词已经由陈述事件功能转变为指称事件功能。例(87)中也是前加指称化定语的情况。类似的表述还有“(坚决)否认、(强烈)谴责、(彻底)改进、(不留情的)抨击、(严厉的)批评、(肯定的)评价、(积极的)考虑、(苛刻的)批评、(严谨的)考证、(物质)奖励、(重新)分析”等。例(88)中前加限制性定语,说明“补偿”的具体方式与做法,体现出“补偿”由行为转变为指称的功能。

O_V 这种指称化功能说明形式动词在句子中并不仅仅是占据谓语动词位置的无实际意义的成分,其对 O_V 是产生施为作用的,我们可以对比二者的差异:

对贵公司现状进行一次实地考察——实地考察贵公司的现状

对城市发展加以种种控制——控制城市发展

对所有投资项目给予一切必要的支持——支持所有投资项目

对在规定期限内自动拆除的瓷窑给予0.8万至5.2万元的经济补偿——补偿在规定期限内自动拆除的瓷窑0.8万至5.2万元

前者表示的是主动开展实施某种行为的可能性，后者表示一种动作行为的结果。前人的研究都提到了形式动词在去掉后不影响句子的合法性，但并没有过多关注使用与不使用形式动词句式的差异。我们发现，如果脱离了形式动词“对”字句这一句法环境，O_V 前的定语有些是无法添加的，如“一次”“种种”“一切”“必要”等，也就使得句子整体表义具有一定的局限性了。因此，形式动词“对”字句的功能比一般的主动宾句更丰富，不仅可以体现主体的主动施为性行为，而且可以为句子扩展事件信息做好保障。李桂梅（2017）认为由形式动词“进行”构成的句式一般都附带多种多样的、丰富的信息，从“进行”句式对修饰性语义成分的强制性要求来看[①]，以及从句式所传递的信息量来看，具有多重信息结构的特征。我们通过对语料的检索与分析，对李桂梅的结论做出一点补充：不仅由“进行”构成的形式动词“对”字句具有这一特点，其他的形式动词“对”字句也具备多重信息展示的特点。与一般的主动宾句相比，形式动词句最明显的特点就是字数多，较长，书面化特征明显。究其原因，一方面是句式结构造成的，另一方面就表现在 O_V 的定语上。特别是必加型定语的存在，更说明了形式动词“对”字句对于表达多重信息的要求。而 O_V 的功能正好体现了整体性特征，这为句式能够附带多种多样的信息奠定了基础。因为只有当动作行为的过程义抽离，被当作一个整体来感知时，人们才能从各个不同的角度对其进行观察和描写，所以才会出现 O_V 前的修饰语，更好地体现对其整体性特征的概括与描写。因此，我们可以认为名词化的认知方式所决定的整体性特征是形式动词“对”字句所表征的事件的基本特征，与一般的主动宾句形成了较大的差别。

另外，我们发现，无论是必加型定语，还是选加型定语，都没有表示时间的词语在 O_V 前出现。对此，可以借鉴郭锐（1997）的研究进行解释。郭锐（1997）曾提出谓词性成分的过程和非过程问题。他认为过程指谓词性成分与时间的流逝发生联系，把谓词性成分表示的状况放入时间流逝过程中来观察，即当作

---

① “对修饰性语义成分的强制性要求”，就是我们所说的 O_V 前带“必加型”定语的情况。

外部时间流逝过程中的一个具体事件；非过程指谓词性成分不与时间流逝发生联系，不放入时间流逝过程中来观察，只是抽象地表示某种动作、状态或关系。可见，形式动词“对”字句中 O_V 前不出现时间性成分，正好说明了它所表示的是一种非过程结构，这种结构不与外部时间发生联系，表示非过程性的、抽象的动作行为。因此，在动作行为义被剥离后，其整体概括的指称义就得到了凸显。

无论是必加型定语，还是选加型定语，都说明了形式动词“对”字句中的 O_V 体现出的名词化功能的倾向。关于动词作主宾语时的词性问题，归纳起来有这样几种不同的观点：

第一种，以朱德熙先生（1982）为代表，从结构主义语言学视角来看，认为动词、形容词在充当主宾语时，虽然与作谓语有差别，但是词性不发生变化。

第二种，以沈家煊先生（2009）提出的“名动包含”理论为代表。沈先生认为，把主宾语位置上的动词归为名词化，违反了简约原则，并提出汉语的名词包含了动词，动词是名词的一个次类，动词都有名词的属性。汉语动词和名词的语法意义就是指称和陈述，二者之间是“构成关系”。如果从语言的宏观把握角度来看，沈先生的观点非常有新意，而且充满了辩证的智慧。但是如果从微观分析差别入手，还是需要给出一些解释才好。

第三种，也是我们比较赞同的观点，就是认知语言学视角下的关于词类转换的认知解释。认知语法认为，动作和过程是一种具有关系性的动态意象图式，但在人的范畴化和认知作用下，也可将其视为一种静态的实体或过程，使其成为具有实体性的静态的意象图式。①

关于“动词及其名词化形式的语义差别”，Langacker（1987）从认知语言学的角度给出了很好的解释。他运用“爆炸”一词的动词和名词形式来解释这一问题：

动词“爆炸（explode）”和它的名词化形式“爆炸（explosion）”均可以用来描述同一事件：

① 王寅（2006：42）介绍的 Langacker 的观点。书中还介绍说：Langacker 将词汇大致划分为事体类和关系类。具有事体性的名词在人的认知上常把客观对象当作静态的事物来看待，其识解方式就是静止的，但也可将其视为具有不同程度的动态性，它就具有了不同程度的“关系性”。

某物爆炸了！（Something exploded!）

某物发生了爆炸！（There was an explosion!）

反对者可能由此认为动词和其名词化形式语义是相同的，并进一步推出“无法根据表达形式的语义内容来确定它们的语法类别（grammatical category）”的结论。我们的观点是动词“爆炸”和名词“爆炸”的语义并不相同，原因就在于它们采用了不同的心理图式来表达这一相同的概念内容。其中动词“爆炸”强调的是被凸显的事件的过程结构，而名词“爆炸”描述的是一个抽象的空间范域（region）。

至于为什么动词的名词化形式能够表达一个抽象的空间范域，Langacker 做了以下的论述：

动词表达的是由一系列按照虚构时间（conceived time）依次排列的子状态（component states）所构成的过程，每个子状态都可以代表一个实体。由于这些子状态作为构成更为抽象概括的高一层的概念的一个个的面（facets），按照虚拟的时间顺序被并列在一起，这些子状态就足以被看作是一个一个相互联系的实体，共同构成一个空间范域。因此，尽管动词凸显的是动作过程，但每一个过程实际上均隐含了一个由所有子事态所构成的空间范域。动词的名词化形式，如“爆炸”，就是把一个隐性的空间范域凸显到显性的层面。

Langacker 的动词与其名词化形式所采用的不同的认知图式如图 2－2 所示。

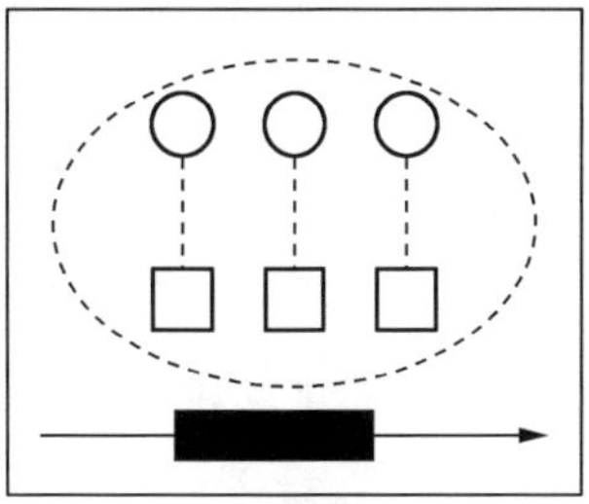

(a)动词

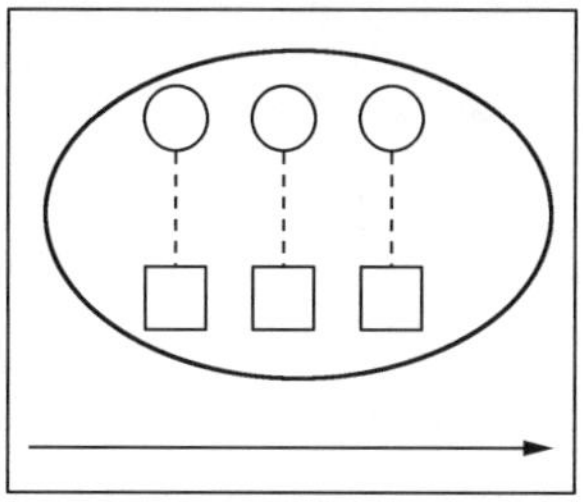

(b)名词化

图 2－2 动词和名词的认知图式

在图 2－2 中，（a）和（b）两部分很容易被人直观感受到的就是加黑的部分。（a）部分表示动词依次扫描一系列按时间分布的成分状态，每一个成分状态凸显一种关系，这些关系是实体，对其做序列扫描就是将它们相互联系在一起。结果，每个动词里都固有一个抽象的区域（一组相互联系的实体），由动词的成分状态组成。也就是说，椭圆内部的被加黑的图形处于显著的地位，而由一个个子状态所共同构成的空间范域，即图（a）外部的虚线的椭圆形是隐性的、被忽略的部分。动词的名词化形式则与此相反，按照虚构时间顺序依次并列的一个个子状态处于被忽略的地位，而它们所构成的整体的空间范域，即图（b）中加黑的椭圆形是被凸显的部分。[①] 这对解释这种名物化名词现象是较为合理的。

Langacker（2017）还列举了动名词的例子来具体说明[②]：

McTavish always does a lot of complaining.（McTavish 总是诸多抱怨。）

Complaining（抱怨）这样派生的名词不要求限定词，可以带只与物质名词连用的量词（a lot of），不容许复数形式。进行体-ing 对完成性动词词干做了三件事：①它对事件进行整体识解（通过中止序列扫描）；②把侧面限定于由内在的一系列成分状态组成的直接述义范围；③在抽象层面识解这些状态，中和了它们之间的差异。

我们所总结的 O_V 的选加型定语，有一种情况就是通过前加数量短语或量词来实现的。例（85）和例（86）就是这样的体现。

总体来说，Langacker 的解释让我们从一个全新的角度看到了动词的名词性功能与原有动词用法的不同：这是两种不同的心理图式的展示，动词的运用是凸显（profile）动词的子状态的心理图式，是一种序列扫描；动词的名词化运用是凸显由一个个子状态构成的整体空间的心理图式，是一种整体扫描。所以，前者凸显的是“过程性”，后者凸显的是“整体性”。形式动词自身不能独立表达一个完整的事件，需要协同其他成分才能表达完整的事件。因此，需要 O_V 和形式动词的合作来完成。

王永娜（2016）提出了一种较新颖的观点：动词的名词化形式具有表达正式语体的功能，因为动词名词化后凸显了由子状态构成的整体空间范域，而忽略

① 以上关于 Langacker 的“动词及其名词化形式的语义差别”的相关理论转引自王永娜（2016：164-166）。

② 参见兰盖克《认知语法基础（第二卷）：描写应用》（2017）：23-24。

了对子状态的具体叙述，即去掉了动作事件的具体性和个体性，具有泛时空化的特征，因此具有书面正式语体的色彩。

从语料的情况，也可以看出“对……形式动词 + O_V”句多为书面正式语体，仅以带有“进行”的句式检索为例，在报刊语料库中出现的语料约有 24 万条，而在文学语料库中出现的语料为 3 000 条左右[①]。所以，我们赞同王永娜（2016）用 Langacker 的这一认知理论来解释形式动词句具有书面正式语体色彩的做法，但是由于王永娜（2016）给出的关于形式动词的研究对象有 72 个之多[②]，与以往的研究对象不太相同，所以它们是否都具有泛时空性，可能还有待进一步考察。

4. “形式动词 + O_V”与“对”字句的互相匹配

多位形式动词研究者都提到了形式动词在“对”字句中出现的频率是最高的，“对”字句对各个形式动词的包容性是最强的。李桂梅（2012）指出，形式动词的例句中有大量的“对……　+　形式动词　+　VP /NP”结构。还有一些个案研究也说明了“对”在形式动词句中的出现频率更高。胡莎（2019）对“对/把 + N + 加以 + 双音及物动词”结构中 O_V 的准入情况进行了统计，在“对”字句中能出现的有 106 个，在“把”字句中能出现的有 41 个。互换后，能与“对”匹配但不能在“把”字句中出现的有 59 个；能与“把”匹配，但不能在“对”字句中出现的只有 17 个，可见“对”与形式动词句中的 O_V 配匹度更高。周刚（2005）将形式动词分为两类：

DVa 类：加以、给以、予以、给予。

DVb 类：进行、作。

DVa 所表示的语义都不持续，都有“施加义”或“授予义”，都是及物动词；

---

① BCC 语料库 2019 年 8 月检索。

② 王永娜（2016：170）给出的形式动词有：进行、从事、作、实行、实施、施行、开展、举行、举办、发出、采取、给予、给以、表示、付出、施加、致以、增进、增强、滋长、推动、推迟、深入、综合、助长、中断、增加、引起、延缓、延长、吸引、维持、维护、推进、深化、确保、强化、扩大、降低、减轻、减弱、减少、加剧、加强、加深、加大、加速、加重、排除、保护、导致、促进、促使、避免、保持、防止、禁止、加紧、引起、产生、遭到、遭受、受到、完成、取得、获得、获取、发生、具有、具备、发挥、呈现 。

DVb 所表示的语义都是持续的，具有“进行义”或“从事义”，既可用作及物动词，又可用作不及物动词。从虚化程度来看，DVa 比 DVb 的虚化程度高。DVa 和 DVb 都可以在“N_1+Pr+N_2+DV+V”句式中出现，其中 Pr 表示介词，主要由“对(对于)”和“把”构成，当 N_1 为施事、N_2 为受事时，“把”只能出现在 DVa 前，“对”却没有限制。陈永莉(2006)对此进行了扩展研究，给出句式“$S_1:N_1+(Ad+)Pr+N_2+DV+(C+)V$”，其中 N_1 表示施事成分，N_2 表示受事成分，Ad 表示情态副词，Pr 表示介词性成分，DV 为形式动词，C 为补语，V 为形式动词后带的宾语。同样，“把”字句只能出现在 DVa 前面，不能出现在 DVb 前面，而“对”字句则没有限制。可见，“对”字句在形式动词句中有更大的适应性，与形式动词句的匹配度更高。反过来，形式动词在“对”字句中也有着不可缺少的作用，我们可以对比这样的三组结构：

A：V＋O	B：对＋O＋V	C：对＋O＋DV＋V(O_V)
A 组	B 组	C 组
研究这类问题	＊对这类问题研究	对这类问题进行研究
表扬学生	＊对学生表扬	对学生加以表扬

通过这三组结构的对比，我们可以清晰地看到，A 组为一般的动宾结构，如果想要凸显“研究”和“表扬”，将其放在结构末尾[①]，只简单转换为“对”字句，即 B 组的形式，是不成立的，还需要在其前边添加形式动词，增强 O_V 的指称性，才可以起到凸显的作用。沈家煊(2013)指出，增强指称性就是指提高指称对象的可别度，达到言者想要听者更易识别这个指称对象的作用。所以，既然是想要凸显“研究”和“表扬”，只将其放置于句末是不够的，还需要形式动词前置配合，才可以真正达到凸显的目的。

5. 形式动词“对”字句的主观性、社会性与书面化表达

当“Z”为“形式动词＋O_V”时，“X”和“Y”部分呈现出的多为国家、机构、团体类的名称，或者是具有重要社会地位的个体，如国家主席、总理、著名企业家等。还有很多形式动词“对”字句的“X”部分是被省略的，但是根据听读者的社

① 沈家煊(2013)指出，要增加词语的可别度，调整语序也是一种手段，句末的位置是一般信息焦点的位置。

会认知语境可知,其动作的发出者多为国家、机构等。例如:

(89)展会后,按照后续利用规划对世园会主会场进行“八大关式”的深度开发,建设世园文化休闲中心。(《人民日报(海外版)》2014年9月)

此例中虽然没有体现谁来负责建设,但是听读者根据社会背景语境可知,“文化休闲中心”属于政府的公益项目,所以“X”部分省略的应该是“政府部门”。这种省略的“X”部分,也可以称为隐性施事话题,是无须补出的。这是有别于语法主语的言者主语形式。[①] 一个句子除了命题意义,还可能包含说话者以各种方式表达的、对句子命题意义的主观认识或态度。如果这种主观认识或态度的表达者没有在句子中以语法主语的形式出现,那么它就成了句外的所谓“言者主语”。根据 Traugott 的理论,言者主语是语法化和主观化研究的一个重要概念。由此,也辅助说明了形式动词“对”字句是一种主观性较强的句式,与我们上文给出的论述吻合。沈家煊(2001)对于“主观性”和“主观化”进行了介绍[②],并指出语言的主观性体现在说话人的视角(perspective)、说话人的情感(affect)和说话人的认识(epistemic modality)三个方面。在形式动词“对”字句中主要是通过说话者的“情感”来体现主观性。例如:

(90)这就需要广泛地运用各种手段,对《劳动法》加以宣传,以便尽可能地尽快地使《劳动法》为千家万户所了解。(CCL语料库)

此例中,“对《劳动法》加以宣传”的施事为言者主语,言者将自己的情感和意志通过形式动词“对”字句的形式传达出来,充分体现了主观性的表达。“对《劳动法》加以宣传”比“宣传《劳动法》”的主观性要强,基本相当于“(我建议)宣传《劳动法》”,下文中“以便……”也配合给出了这样做的目的,进一步体现

① 完权(2016:471)指出,“言者是实施言语(speaking)行为的动作主体(subject),因而言者主语的句法地位高于句法主语。”该文介绍了 Traugott(1995)关于主观化问题涉及的几个转变:由客观意义变为主观意义,由非认识情态变为认识情态,由非句法主语变为句法主语,由句子主语变为言者主语,由命题功能变为言谈功能。

② 沈家煊(2001:268)介绍了“主观性”和“主观化”理论:“主观性”(subjectivity)是指语言的这样一种特性,说话人在说出一段话的同时表明自己对这段话的立场、态度和感情,“主观化”(subjectivisation)是指语言为表现这种主观性而采用相应的结构形式或经历相应的演变过程。

了全句的主观施为性。

“Y”部分也可以出现国家、团体、机构名称，还有法律名称、建筑名称、某种公众行为等，呈现出的多为事件性信息，而且以抽象事件居多。即使为普通事件，也体现的是其社会性的一面，而并非是个体事件。例如：

(91)今年4月召开的市十届人大二次会议上，有476位市人大代表共提出了12条要求制定地方性法规对养犬加以禁止或加强管理的议案。(CCL语料库)

此例中“Y”部分为动宾短语“养犬”，我们可以对比两种表述：养犬——养狗，很明显，前者带有更强的书面性，更能体现出是一种社会性行为。因此，与事件的提议者——人大代表，和事件的执行行为——加以禁止或加强管理，都是相匹配的。

形式动词后出现的 O_V 也体现出一定的社会性行为，如教育、研究、采访、检查、监控、治疗、访问、罚款、评估等，没有诸如“吃饭、逛街、聊天”等个体性行为的词语出现。从社会学的角度来讲，这体现了社会权势地位对话语形式的间接影响和要求。[①] 所以，形式动词“对”字句中多为书面化语言，也和其表述的内容有一定的关联。体现社会性的事件决定了其表述时的严谨性和信息的丰富性，这都是口语句式所不能满足的，所以只能通过书面语句式来呈现。

而且，从语言的演变来看，形式动词是在文言词汇的基础上产生的，而在现代汉语中，文言词多出现在书面语句式中；由于形式动词的虚化用法出现得较晚，所以其后接的 O_V 已经是双音节词语的形式。这种“2＋2”形式的配合，也从语音方面体现了书面语化的特点，因此具有正式庄重的语体色彩。

---

① Dijk（1991）在《社会认知、社会权势与社会话语》（施旭摘译）一文中提到，语言从根本上也是一种社会现象，话语是社会交往的至关重要的形式。社会权势可以通过控制话语体裁得到表达，他们能规定某种交流体裁，改变那些规定会话或公共机构话语格式的规则。我们认为，在形式动词“对”字句中，特别是形式动词为“进行”时，这一特点的体现是较为明显的，语体风格、表述事件等都体现了社会权势对语言表达形式的影响。

(四)存现动词 + O_N/O_V

存现动词一般包括存在、出现和消失①三种情况,在“对”字句的“Z”部分主要体现为:

存在类:有、持有、怀有、抱有、留有、存有、带有。

出现类:提出、产生、形成、造成、达成、发生。

消失类:丧失、失去、失掉。

这类动词不能独立存在于“对”字句的谓语部分,需要加上后续的名词性宾语或动词性宾语才可以成立。考虑到这三种情况内部还存在一些差异,所以我们分别来进行论述。为称说方便,我们将“存在类动词 + O_N/O_V”称为“存在类VP”,“出现类动词 + O_N/O_V”称为“出现类 VP”,“消失类动词 + O_N/O_V”称为“消失类 VP”。

1. 存在类 VP

存在类动词以“有”为代表,还有一些双音节的动词也可以表达存在的含义,如持有、怀有、抱有、留有、存有、带有、负有等。我们先来看一些“X 有”类词语的例子:

(92)现在银行家带头“下注”,表明他们对香港前景持有非常乐观的态度。(CCL 语料库)

(93)他虽然 15 岁就离开了天津,但对祖国一直怀有一颗赤子之心,对天津仍然怀有一份深深的眷恋之情。(CCL 语料库)

(94)留在亲生父母身边虽然合情合法,但他始终觉得对养父存有一种愧疚;留在养父身边的确是守住了一份情,但对亲生父母来说又似乎意味着一种背叛。(CCL 语料库)

(95)经济起飞的目标应是消除贫困和收入的过分集中,政府对此负有不可推卸的责任。(CCL 语料库)

在例(92)至例(94)中,“X 有”后多带与感情相关的宾语,如“乐观、眷恋、

① 我们将语义表示“从无到有”的归为“出现”类,将语义表示“从有到无”的归为“消失”类。

愧疚”等。例(95)中与“负有”搭配最多的就是“……责任”。这些表示存在类的动词都不能独立使用,必须带有宾语才可以在“对”字句中成立。由于“X有+宾语”后不能再带其他成分,所以由介词“对”将受事对象提前。这种表达方式只能在“对”字句中出现,不可以转换为主动宾句式。

在存在类动词中,用法最复杂的就是“有”,下面我们重点来谈谈“对……有……”的各种用法。先来看几个例子:

(96)他身材高大魁梧,思维敏捷,待人亲切和善,李云鹤对他很有好感。(CCL语料库)

(97)以前多数人对个体户有偏见。其实,三百六十行,行行出状元。只要遵章守法对社会有贡献,就会受到尊重。(CCL语料库)

(98)她认真地接过照片,然后肯定地说:“好像是18号下铺的旅客,他很奇怪,在长沙站台上站了很久,直到列车要开了才上来,是最后一个到我这里换卧铺牌的,所以我对他有印象。”(CCL语料库)

例(96)中的“好感”本身就体现褒义的特点,所以“对……有好感”从字面含义就可以理解为褒义,也可将“有”换为“抱有、怀有”等词。例(97)中的“偏见”一词本身就带有贬义,所以“对……有偏见”从字面含义就可以理解为贬义,也可将“有”换为“存有、抱有、带有”等词。例(98)中的“印象”一词本身是中性的,在“对……有印象”结构中,仍然表现为中性,感情色彩没有发生变化。这三例的共同特点是,“有”后所带宾语都为NP,词语本身的感情色彩是什么,在“对……有+NP”中还体现为什么色彩,没有发生语义上的变化。下面,我们再来看“对……有+NP”的另一种情况:

(99)孟巷村的村民对选举非常认真,这样选出来的村干部对经济发展和社会稳定很有作用。(CCL语料库)

(100)我们现在高级楼堂馆所建得太多,造成很大浪费,群众对此很有意见,造成了不好的影响。(CCL语料库)

(101)5日,他一早4时从长柏出发,一天一顿像样的饭也没顾上吃,整整用了16个小时,走了62公里,晚上8时按时赶到了博大。第二天又马不停蹄与我们上路。难怪他昨天对我有想法。为了我的采访,竟让他额外吃了这么多

苦。(CCL 语料库)

(102)我知道你总是对新的项目有想法、有创意的,但也要让大家认可才行。

在例(99)中,“对……有作用”指起到了积极的、好的作用,上文提到村民认真参加选举,目的就是要选出好的干部,起到好的作用。“作用”一词本身为中性,但是在“对……有作用”中转变为褒义。例(100)中的“对……有意见”指有负面的、不好的意见,从句中出现的“浪费”“不好的影响”可知,“意见”由中性转变为贬义。例(101)中的“对……有想法”指负面的、消极的想法,如对某人怀有不满的情绪等,从上文中叙述的赶路的过程和下文中所言“吃苦”,可知“他”对“我”“有想法”,是负面的、消极的想法。“想法”一词在此由中性转变为贬义。例(102)中的“对……有想法”指积极的、好的想法,从下文中的“有创意”可知,二者在此为并列结构,可以构成同义替代,所以“有想法”就是指有创意的、别人没想到的新的思路等。“想法”一词在此由中性转变为褒义。在例(101)和例(102)中,我们可以看到“对……有想法”中的“想法”一词既可以从中性转变为贬义,也可以从中性转变为褒义,当然,从所查找的语料中的具体情况来看,还是转变为贬义的占大多数。

通过对语料的分析,我们根据动词“有”后所带 NP 的含义将其分为六种:

①有好感、有好处、有贡献、有裨益、有高见、有真情、有爱心、有信心。

②有敌意、有偏见、有成见、有戒心、有顾忌、有顾虑、有疑心。

③有印象、有责任、有体会、有幻想、有答案、有结论、有反应。

④有作用、有感情、有感觉、有见解、有信念、有兴趣、有启发、有把握、有情义、有信仰。

⑤有意见、有看法。

⑥有想法、有影响。

其中,前三种在构成“对……有 NP”时分别表示褒义、贬义和中性,与 NP 本身的含义保持一致,都可以从字面含义获得,我们将其统称为“直陈表达类”。后三种在构成“对……有 NP”时,NP 本身的词义无褒贬之分,但是在与“有”组合后,使得其含义转向褒义或贬义。例如,“有作用”是有积极的、好的作用,“有意见”是有负面的、不好的意见,但是“作用”“意见”本身并无褒贬的含义,而“影响”和“想法”类则可能转向褒义,也可能转向贬义,但词语本身的中性含义并不在“对……有 NP”结构中起作用,我们称这类为“语义偏移类[①]”。

语义偏移类的“对……有 NP”一定发生在“有”与“NP”关系紧密的结构中,如果在 NP 前带有定语的话,则可以不发生语义偏移。例如:

(103)有的研究者认为科举考试对社会补益不大而对唐宋文学的发展有推动作用。(余秋雨《山居笔记》)

(104)那目光对迪伦似乎有催眠的作用。(克莱儿·麦克福尔《摆渡人》)

(105)1993 年,黄曲霉素被世界卫生组织(WHO)癌症研究机构划定为 1 类致癌物,是毒性极强的剧毒物质,危害性在于对人及动物肝脏组织有破坏作用,严重时可致肝癌甚至死亡。(BCC 微博)

“作用”一词在“对……有作用”中转变为褒义,但是当“作用”前带有定语时,其感情色彩则由定语的限定性来决定,所以就出现了例(103)中的“推动”一词决定了“作用”是褒义的;例(104)中的“催眠”无所谓褒贬,所以体现出的“作用”是中性的;例(105)中的“破坏”一词决定了“作用”是贬义的。但是在这几例中,“作用”本身的感情色彩没有发生变化,依然是中性的。所以,在“对……有 + 定语 + NP”中,由于受到定语的限制,NP 的感情色彩也趋于字面化,更容易在语言表面获得,而整体“有 + 定语 + NP”的感情色彩由三个部分共同决定。而且,如果有的 NP 为多义词,前加定语后,也有助于确定其具体含义。

这种现象可以用认知上的“适量准则”来进行解释。“适量准则”是 Grice 提出的合作原则中的一条语用原则,它要求说话人提供给听话人的信息要适量,不多也不少。那么,根据适量准则,“这种做法对经济发展有作用”中的“有作用”就没有传递出足够的信息量。显然,每种做法都是有作用的,这相当于无效语言,所以只有“作用”的语义发生了偏移,从中性转变为褒义的“有好的、积极的作用”,才符合适量准则的要求。而在“对……有 + 定语 + 作用”结构中,“作用”的语义就不再发生偏移,因为定语已经完成了提供适量信息的作用,如

① 关于中性词语义偏移的问题,邹韶华(2007)曾给出较为全面的论述。

例(105)中的“有破坏作用”,就明确给出了“作用”的足量信息。多义词同样面临需要提供适量信息的问题,所以前加定语也可以解决这一问题。[①]

我们发现,在“对……有 NP”中,“有”前常常可以添加程度副词,如“非常有感情”“很有意见”等,程度副词一般用来修饰性质形容词和表示心理活动或意愿的动词,为什么可以在“有 NP”前出现呢? 这也和“NP”在“有……”结构中语义发生了偏移有关。例如,“感情”为中性词,“有感情”表现为褒义,带有积极的感情色彩,因此,给出“有感情”的评价,意味着“喜欢”,“喜欢”为心理活动动词,可以受程度副词修饰。同样,“意见”为中性词,“有意见”表现为有“不满”的情绪,因此,给出“有意见”的评价,意味着在某方面“不满”,“不满”也是心理活动动词,因此可以受程度副词修饰。当然,直陈表达类“有 + NP”也可以受程度副词修饰,因为“有 + NP”也可以转换为某个心理活动类动词,只是不需要发生语义偏移,直接就可以转换。

另外,在“X 对 Y 有 NP”中,“X”和“Y”除了可以是表人名词,还经常以一些概念或事件构成,例如:

教育理论对教育实践有指导意义

教育理论对教育改革有重大作用

教育对文化发展有作用

多媒体点播系统对服务器性能有很高的要求

教育对政治制度有积极的反作用

各种哲学学派对理性有不同理解

以上各例中在“X”部分出现的“教育理论、教育、多媒体点播系统、哲学学派”和在“Y”部分出现的“教育实践、教育改革、文化发展、服务器性能、政治制度、理性”等都具有[- 有生]的语义特征,可见“X 对 Y 有 NP”的适用范围很广。当然,这可能与 NP 的语义特征有直接的关系。因为 NP 为“意义、作用、要

① 为什么有的中性词偏向褒义,有的中性词偏向贬义,邹韶华(2007)认为其根本原因还是由词的语用频率来决定的。

求”等二价名词[①]，从语义要求来看，它们首先要求有两个成分与其构成关联，即<X　对　Y>，然后，“意义、作用、要求”等的词汇意义决定了“X”和“Y”不仅可以带有［＋人］的语义特征，而且可以出现［－人］［－有生］的语义特征。这与“Z”为心理活动类动词和情感评价类形容词时所表现出的语义特征是不一样的。这两类词语的语义分析详见“心理感知类 VP、情感态度类 AP 和认知评价类 AP”这部分内容。

“对……有 NP”还可以构成一些特殊的表达形式，这时 NP 新生的特指含义必须在“对”字句中才能实现。例如：

（106）我不能一辈子守护你，不如我替你找个女朋友。就十一楼的张小姐好了，我瞧她好像对你有意思。（CCL 语料库）

（107）男人问你这两个“私人”问题：你有爱的人了吗？你对象一定很帅吧？说明他对你有想法。（微信公众号“读情人生”）

“意思”为中性词，“有意思”发生语义偏移，表示“有趣”的含义，如“这本书真有意思”，但是在例（106）中，“对……有意思”却表示有好感、喜欢某人、爱慕某人的含义。“意思”一词在汉语中的表义非常丰富，但是在“对”字句中的这一含义是其他语境下所没有的，只有在“对”字句中出现时，才表示这一含义。在例（107）的“对……有想法”中，“想法”的语义也与例（101）和例（102）不同，表示“有喜欢某人，想与某人交往，甚至是结婚的想法”。这也需要在“对”字句中才能实现，单独表达“有想法”时，不具备这一层含义。这就是句式对词语含义的影响，在特定的句式中，使得某词产生了词语本身所不具有的含义。同时，要想实现这一特殊含义，在“对”字句中，对“X”和“Y”部分也是有要求的。“X”和“Y”多为人称代词的单数形式——你、我、他；也可以是简单的人名、指人名词，如“那个男孩”“短发女孩”等形式，因此都具有［＋指人］且［＋单数］的语义

---

① 袁毓林（1992）对二价名词进行了全面的研究，认为不仅动词、形容词有配价，名词也是有配价的，比如：

意见：看法<某人　对　某事>，“意见”需要关联两个名词性成分，“某人对某事”相当于一个语义特征，表示二价名词“意见”的配价要求。关于名词配价问题详见“‘Z’进入‘对’字句的限制条件”这部分内容。

特征。

“有”除了可以构成“对……有 + NP”，还可以构成“对……有 + VP”的结构。例如：

(108)薇妮是个女孩，长得很可爱，对美容护肤保养很有研究。

(109)当然，那时的科学界对梦有一种解释——它对任何事物都有解释。（诸葛君《解梦全书》）

(110)对每一次学习、每一项活动都事先有安排，事中有措施，事后有考核、有总结。（BCC 科技文献）

在例(108)中，“对……有研究”主要表现为某人对某物有研究，因此，“X”部分多为指人名词，“Y”部分多为事物、事件名词，如政治、吃的、钢琴、计算机、红酒、养生、水质、姓氏学、烤花工艺、证券市场、历史文化、共青团工作等。在例(109)中，“对……有解释”的“解释”前有数量短语作定语，表现出指称性功能。因为能发出“解释”这一动作的应为[+ 人]，所以“X”部分多为指人名词或拟人用法，“Y”部分主要表现为事件、事物等。例(110)“对……有安排”中的“X”部分多为指人名词或具有拟人功能的修辞表达形式，“Y”部分也多为人，但也可以用于对事物的安排，例(110)体现的就是对事件的安排。此句中“安排”与“措施”“考核”“总结”构成并列关系，也体现出指称功能。类似的可以在“有 + VP”结构中出现的词语还有限制、记录、交代、奖励等。可见，在这类“对……有 + VP”句式中，由于“有”为动作义弱化的动词，虽然没有像形式动词那么虚化，但是动性上还是比典型的行为动词弱的，所以可以将其看作与形式动词具有相似的功能，因此，在其后出现的“VP”也与形式动词所带的 O_V 具有相似的指称功能，在此不再赘述。

“有”还可以作为语素，构成有利、有用、有益、有效、有害等词语，已经成为一种固定表达形式，也可以在“对”字句中出现，我们将在“Z”为评价类形容词部分进行论述。

2. 出现类 VP 与消失类 VP

出现类 VP 与消失类 VP 的使用情况没有存在类 VP 那么复杂，而且有一定的共性，所以我们合并在一起进行介绍。

(111)有些地区经济发展了,但对教育的发展却产生了负效应。(CCL 语料库)

(112)运用马克思主义理论指导历史的研究,就可以对历史的认识产生升华,由感性达于理性,在人们认识历史的过程中产生巨大的作用。(CCL 语料库)

(113)家庭教育具有更广阔的活动余地,影响面更为广泛,更能有效地对整个社会发生积极作用。(CCL 语料库)

(114)目前,我国正大力发展社会主义商品经济,这一社会环境对人的身心发展提出了新的要求,也提供了新的条件。(CCL 语料库)

(115)2 000 多年来,人们对汉字起源提出过许多不同的推测,下面我们择要略做述评。(CCL 语料库)

例(111)到例(115)中出现的"产生、发生、提出"均为出现类动词,其后所带的宾语有两种情况,一种是名词性宾语,如"负效应、作用",另一种是动词性宾语,如"升华、要求、推测"等。

(116)抑郁症的主要不正常表现在于:初起时,情绪低落、无精打采,对一切事物丧失兴趣,以后渐渐地出现焦虑、忧愁,感到往日有许多过错。(CCL 语料库)

(117)一个国家,一个民族,如果对自己的青年失掉了信心,那它就失掉了希望,失掉了前途。(CCL 语料库)

(118)董卓之乱以后,东汉王朝名存实亡,对各地州郡失去了控制。(CCL 语料库)

例(116)至例(118)中出现的"丧失、失掉、失去"都为消失类动词,其后边所带的宾语以名词性词语为主,如"兴趣、信心"等,也可以出现动词性宾语,如"控制"。

出现类 VP 与消失类 VP 的共同点就是都可以带名词性宾语和动词性宾语,动词性宾语在此依然体现出指称的功能,与上文所谈到的"有 + O_V"的功能类似,但是与"有"相比,出现类动词和消失类动词的动性稍强一些。因此,其后出现的名词性宾语多,动词性宾语少。能够在这两类"对"字句中出现在"X"和"Y"位置的内容,其语义特征以[－有生]为主,一般都是一些概念、事件名称等,“X”部分还经常被省略。

(五)心理感知类 VP

心理感知类动词是表示心理活动的动词小类。在“对”字句中,可以出现的心理动词有两个小类。张斌(2010)根据能否受程度副词“很”等修饰,把心理动词分为状态心理动词和行为心理动词。能受程度副词“很”等修饰的是状态心理动词,不能受其修饰的是行为心理动词。常用的状态心理动词有爱惜、担心、感激、感谢、关心、害怕、痛恨、后悔、怀疑、嫉妒、理解、留恋、满意、佩服、热爱、熟悉、讨厌、疼爱、想念、信任、喜欢、同情、羡慕、相信、尊敬、崇拜、爱、恨、怕等。我们先来看状态心理动词在“对”字句中的分布情况:

(119)不过当时他给我们的感觉也不仅仅是老师,他对班里的每个学生都非常关心。(特威西格耶·杰克逊·卡古瑞 、苏珊·林维尔《那卡的曙光》)

(120)我对粤语很害怕,觉得它比英语还难学。(CCL 语料库)

(121)坚皆整天在街上游荡,无所事事,父母对他也很讨厌。(CCL 语料库)

(122)大多数熊猫妈妈对熊猫宝宝都很疼爱,常常要用嘴叼起幼崽,并用两只前掌将幼崽抱在怀中,不会让任何人靠近自己的宝宝。(CCL 语料库)

(123)我对刺猬的生活很羡慕:它很闲散,在觅食,同时又在晒太阳,但不要遇上它的天敌黄鼠狼。(CCL 语料库)

在以上各例中,“关心”“害怕”“讨厌”“疼爱”“羡慕”各词的共同特点是都可以受程度副词“很”“非常”等修饰,并且,这些状态心理动词在意念上的受事成分由介词“对”引出。例(119)中“关心”的是“班里的每个学生”;例(120)中“害怕”的是“粤语(学习)”[①];例(121)中“讨厌”的是“他(坚皆)”;例(122)中“疼爱”的是“熊猫宝宝”;例(123)中“羡慕”的是“刺猬的生活”。因此,这类句子都可以有以下的变化形式:

---

① 这里用“粤语”转喻“粤语学习”这件事,根据下文“比英语还难学”,可知害怕的是学习粤语这件事。

A式 B式

他对班里的每个学生都非常关心——他非常关心班里的每个学生

我对粤语很害怕——我很害怕粤语

父母对他很讨厌——父母很讨厌他

熊猫妈妈对熊猫宝宝很疼爱——熊猫妈妈很疼爱熊猫宝宝

我对刺猬的生活很羡慕——我很羡慕刺猬的生活

从A式到B式的变化，体现了这些词语的动词特点——可以带宾语，但是又不同于典型的动作动词，因为它们还可以受程度副词的修饰，而能够受程度副词修饰是形容词的典型特征，所以这类词语其实是介于动词和形容词之间的一个过渡地带，属于动词范畴中的非典型成员。劳勍(2007)和尹岗寿(2013)都给出了以下动词到形容词变化的连续统：

动作行为类动词→意动/使动类动词→思维/认知类动词→情绪/情感类动词(状态心理动词)→性质形容词

我们可以看到，在这个连续统中，状态心理动词最靠近形容词，离动作行为类动词，即典型动词，距离最远，因此，能够具有带宾语和受程度副词修饰的双重特征就不奇怪了。而且在语料检索中，我们还发现这类心理动词前经常出现“感到”类词语，从语义上辅助说明了这类词的心理表征特性。从词义来看，“喜欢”有喜欢的程度高低，“讨厌”有讨厌的程度大小，“心疼”也有心疼的程度范围，因此，有“量”存在，就可以受程度副词修饰，就很自然了。

周有斌、邵敬敏(1993)曾经对《动词用法词典》的词语进行考察，以是否能前加“很”作为鉴别标准，将满足该条件的动词称为心理动词，并且继续使用“对”字句作为二次鉴别标准，将能够受“很”修饰，宾语可以由“对”提前，进入“主(人)＋对＋(很)＋ O ＋动”这一格式的动词称为“真心理动词”，占心理动词总数的78.1%[①]，其他不能够进入“对”字句的称为“次心理动词”。我们发现，在周有斌、邵敬敏(1993)所列出的16个次心理动词[②]中，有些其实可以出现

① 周有斌、邵敬敏(1993)一共筛选出73个心理动词，其中可以进入“对”字句的有57个。

② 这16个次心理动词为：惦记、感谢、后悔、忽视、埋怨、怕、气、伤心、懂、贪、希望、嫌、想、怨、指望、疼 。

在“对”字句中，但并不是以谓语动词的形式出现，只能作为“对”字结构作定语时的中心词。例如：

(124)婉喻渐渐觉得生活充实起来。对焉识的惦记、内疚和思念都被转移了。(严歌苓《陆犯焉识》)

或者构成“对……感到/表示/有所……”的结构：

(125)今年也是芬兰独立100周年，我们对习主席的来访表示感谢。(CCL语料库)

(126)我对自己的举动感到后悔。(法格海《一个女人照亮的隧道》)

(127)有些同志在工作任务繁重的情况下，对自身的学习和改造有所忽视。(CCL语料库)

与典型的状态心理动词句相同，以上这些“对”字句也可以变换为一般主谓句的形式：

对焉识的惦记——惦记焉识

对习主席的来访表示感谢——感谢习主席的来访

对自己的举动感到后悔——后悔自己的举动

对自身的学习和改造有所忽视——忽视自身的学习和改造

“惦记”“感谢”“后悔”“忽视”各词语都具有带宾语的能力，可以将“对”字句中的介词宾语转换为动词宾语，所以，与典型的状态心理动词句有一定的相似性。

还有一类现象是，某些状态心理动词只能在“对”字句中出现，不能变换成一般主谓句的形式，即状态心理动词后不能带宾语。例如：

(128)他对演艺圈彻底失望了。(卞庆奎《中国北漂艺人生存实录》)

*(128′)他彻底失望演艺圈了。

(129)几年前，当这里第一次有外国人来观光时，我们对他们很害羞，更不敢跟他们照相。(CCL语料库)

*(129′)几年前，当这里第一次有外国人来观光时，我们很害羞他们，更不敢跟他们照相。

在例(128)中，“失望”作为状态心理动词，只能在“对……失望”中运用，不可以将介词“对”介引的宾语放在“失望”后。例(129)中的“害羞”也是只能在“对”字句中使用,不可以构成一般主谓句,带宾语“他们”。

周有斌、邵敬敏(1993)称这类状态心理动词为“准心理动词”,认为该类词语既能受程度副词修饰,又不可以带宾语,符合形容词的语法特征,但是又与“好”“和善”“真诚”一类形容词不同,因为这类形容词在“对”字句中,可以将“对”换成“待”,例如:

他对我很好——他待我很好

他对我很和善——他待我很和善

他对我很真诚——他待我很真诚

而“失望”类词语则不能出现这样的变换:

他对我很失望——*他待我很失望

因此,周有斌、邵敬敏(1993)认为,“失望”类词语,如果放在形容词中,也属于一个特殊的小类。首先说明,该文的替换句式其实是考虑了介词“对”在其中的不同功能和含义,能够将“对”替换为“待”,说明这里的“对”与“待”在含义上具有一致性,介词“对”引出的是情感态度的对象;而状态心理动词“对”字句中的“对”引出的是心理活动的对象,二者虽然在一个词类变化的连续统上的距离是最近的,但还是存在细微的差别。而且,对于词类的划分,以功能为主,但也可以兼顾意义。考虑到“失望”等词语从语义来看还是体现为一种心理活动和变化,因此,我们倾向于将其归为状态心理动词。从语法功能来看,“失望”类状态心理动词,虽然不能带宾语,但是可以带动态助词,还可以带补语,符合动词的特点。例如:

(130)他已经将这件事交给他的夫人去做,柳夫人从来没有让他失望过。(古龙《圆月弯刀》)

(131)记者要拍照,年轻的经理害羞起来,怎么也不肯赏脸。(CCL语料库)

(132)这个孩子这么用功,一定让您失望不了。(《动词用法词典》用例)

(133)这个人脸皮特别厚,从没见她害羞过一次。

例(130)中的“失望”后加动态助词“过”;例(131)中的“害羞”后接趋向补

语“起来”；例(132)中的“失望”后接可能补语“不了”；例(133)的“害羞”先接动态助词“过”，再带动量补语“一次”[①]。可见，“失望”类词语虽然不是典型的动词，但也符合动词的部分语法特点，如果从配价理论来看，它们应该都属于一价动词，所以不可以带宾语。

而且，每一类词语，不管是大类还是小类，总会存在一些典型成员和非典型成员。根据原型范畴理论[②]，“喜欢”“关心”类词语属于典型的状态心理动词，因此它们既能够受程度副词修饰，又可以带宾语，还可以进入“对”字句，并在“对”字句与一般主谓句之间变换。那么，我们就可以将“喜欢”“关心”类词语作为状态心理动词的原型，根据“家族相似性”，使其成为其他状态心理动词认知上的参照点。“感谢”“后悔”类词语与原型状态心理动词相比，虽然不能够进入典型的“对”字句，但是也可以以“对 NP 的 VP”的形式出现，或者以“对 NP 表示/感到 VP”的形式出现。同时，可以受程度副词修饰，可以进行“对”字句与一般主谓句的转换，因此，也算与原型范畴具有一定的相似性。而“失望”类词语也可以进入典型的“对”字句，能够受程度副词修饰，虽然不能变换为一般主谓句，带宾语，但是与典型范畴也算是有相似性的，而且兼顾其语义，依然可以看作是状态心理动词的边缘成员。

因此，我们认为，周有斌、邵敬敏(1993)发现了这几类状态心理动词的差异，对于汉语状态心理动词的研究和“对”字句的研究是有一定贡献的，但是他们对于这几类词语小类的命名还有待商榷。“真”经常与“假”相对，所以“真心理动词”与“次心理动词”或“准心理动词”不具有语义关联的一致性，如果从原型范畴理论的角度来看，我们建议还是称为“典型状态心理动词”和“非典型状态心理动词”更合适些，而且心理动词除了“状态心理动词”，还包括“行为心理动词”，这个“真”的用法，容易把心理动词的圈子限定在“典理状态心理动词”

① 这里出现的动量补语“一次”在语音上需要重读，表示一种强调。

② 王寅(2007:117)提出，原型范畴理论的核心内容包括：范畴不是通过充分和必要条件建立的“完形”概念；范畴成员之间具有互相重叠的属性组合，形成家族相似性；范畴之间的界限是模糊的；范畴内成员的地位不平等，有中心成员和边缘成员之分。“原型”是进行范畴化的重要方式，是范畴中最具代表性、最典型的成员，同时它也是范畴中其他成员认知上的参照点。

的范围内,从而产生误导。

下面,我们再来看看“行为心理动词”在“对”字句中的表现情况。根据张斌(2010)的观点,“行为心理动词”是指不能受“很”修饰的心理动词,常用的有:猜想、料想、意料、联想、想象、妄想、记得、回忆、认为、以为、指望、相思、知道、感受、感觉、觉得等。我们考察了这些词语在“对”字句中的使用情况。

经过检索,我们发现只有部分词语,如猜想、联想、想象、回忆、相思、感受、感觉等,可以出现在“对”字句中,而且只有一例在“对”字句中作谓语动词:

(134)你要知道,你对我胡乱猜想,向安德烈公爵胡说我和法国女人的关系,使得我同他吵架,而你知道了吧,我既不需要你,也不需要法国女人。(列夫·托尔斯泰《战争与和平》)

例(134)中的“猜想”在“对”字句中作谓语,与状态心理动词构成的“对”字句一样。但是作为行为心理动词,主要还是出现在“对 NP 的 VP”结构中。例如:

(135)清秀的外表和单纯、阳光的性格让她内心中充满对生活的猜想和期待。(李伟、李义《春晓》)

(136)笑声、掌声、欢呼声,在山间回荡,勾起了人们对往事的回忆。(CCL 语料库)

(137)美食,真正的美食从来就是这样,它给予人们的不仅仅是滋味、营养与健康,不仅仅是满足人们的口腹之欲,从更深的层面上说来,它还能引起人们对美好事物的联想与想象。(CCL 语料库)

例(135)中的“猜想和期待”共同作介词短语“对生活”的中心语,构成定中结构,充当全句的宾语。例(136)中的“回忆”作介词短语“对往事”的中心语,构成定中结构,充当全句的宾语。例(137)中的“联想与想象”共同作介词短语“对美好事物”的中心语,充当分句的宾语。总的来看,构成“(NP_1)对 NP_2 的 VP”结构后,可以在句中作宾语。

(138)首先要说明的是,您对市场物价的感受是实在的,也有一定的代表性。(CCL 语料库)

(139)我对你的相思不像原来那样痛苦了,我觉得,我对你的爱也不像原来

那样热狂了，自从上天把他赐给我以后，我为我的爱情受的苦至少不像原来那样厉害了。（茨威格《一个陌生女人的来信》）

（140）总的规律是凌晨3点，机体对疼痛的感觉最敏感；中午至下午2点，相对比较迟钝。（温长路《俗言俚语话养生》）

例（138）中的介词短语“对市场物价”作定语，“感受”是其中心语，“您对市场物价的感受”作主语。例（139）中的介词短语“对你”作“相思”的定语，“我对你的相思”一起作小分句的主语，介词短语“对你”作“爱”的定语，“我对你的爱”一起作小分句的主语。例（140）中的“感觉”作介词短语“对疼痛”的中心语，“机体对疼痛的感觉”作分句的主语。整体来看，“NP_1 对 NP_2 的 VP”结构作句子的主语。

（141）无力的忏悔和胆怯，预示了他对暴风骤雨的一种感觉。（阎连科《乌孩诞生》）

例（141）中出现的“感觉”一词与以上例句相比，有一点特殊，因为它不仅充当介词短语“对暴风骤雨”的中心语，而且在其前边多了“一种”这样的数量短语，由于数量短语多用来修饰名词性成分，因此，“感觉”在这里也更多表现出其名词性的一面。

但是如果结合以上各例中的“对 NP 的 VP”结构来看，我们更倾向于把它们都归为动词性的，只是动词在这里作了宾语而已。在《现代汉语词典》（第7版）中，“猜想、回忆、联想、想象、相思”等词语的词性均为动词，只有“感觉”和“感受”具有名词的词性，但同时也是动词。如果对比其他的“对”字结构，如“对你的喜欢”“对他的讨厌”“对父母的感谢”“对我的吸引”“对一个人的喜爱和赞赏”“对孩子的照顾”等，都是“对 NP 的 VP”结构。我们认为，这与“N 的 V”结构类似，都是一种黏着形式，整个结构在句子中充当主、宾语，结构的整体功能相当于名词，VP 虽然处于定语中心语的位置，但是词性并未改变。而且，大多数“对 NP 的 VP”中，“NP”都是“VP”意念上的宾语，有的可以变换为“VP + NP”的形式，如“喜欢你”“讨厌他”“感谢父母”“吸引我”“喜爱和赞赏一个人”“照顾孩子”等，有的由于动词不是二价动词而不能变化，但从语义上来看，“NP”基本都体现为“VP”的受事。

除了周有斌、邵敬敏(1993)用"对"字句来鉴别心理动词的分类,丰竞(2003)也选择使用"对"字句来鉴别,而且更加详细。丰竞设定了三组鉴别心理动词的句式,其中有一组就是"对"字句,表述为"$S_{(P)}$ + (IH) + TN + L + $V_{(P)}$"。其中,$S_{(P)}$代表主语为人(person),IH(in heart)指"在心里",TN是介词"对"引导的介宾结构,L(level)代表"程度副词",$V_{(P)}$为心理(psychology)动词,即能够进入"对"字句的是心理动词。

总体来看,"对"字句不仅是汉语常用表达的重要句式之一,而且在"心理动词"的鉴别与分类中起到很大的作用,这对于词类成员的内部划分与分类、现代汉语语法的深入研究都有一定的帮助。

(六)情感态度类AP

形容词在"对"字句中也会在"Z"部分出现,特别是表示情感态度类的形容词[①]。例如:

(142)蓝龙从此不见了。他的老实巴交的妻子带着儿子在蓝家苦守着,蓝二爷对他们母子很好。(戴厚英《流泪的淮河》)

(143)我不知该说我是谁,大嫂却马上认出我,因为大哥家有我的照片,对我分外亲热。(冯骥才《崇拜的代价》)

(144)村里的领导对我很客气、很热情,但基本不给我分配什么任务。(吴书香《扎根农村基层 奉献青春力量》)

例(142)中的"好"指的是"蓝二爷"对"他们母子"的态度,"好"是一个多义词,这里出现的"好"指的是"友爱、和睦"的意思。在例(143)中,"大嫂"虽然没有见过"我"本人,但是根据照片,得知是"我",而表现出"亲热"的态度。在例(144)中,"村里的领导"对待"我"的态度是"客气""热情"的。以上几例所用的形容词均为积极的情感态度类形容词,类似的还有亲切、友善、友好、和气、恭敬、忠诚、真诚、诚恳、热心、和善、乐观、心平气和等。下面我们再来看看消极的情感态度类形容词在"对"字句中使用的情况。

---

① 陆俭明、沈阳(2003:141)在论述形容词的配价问题时,所用语料均为"对"字句,我们认为"情感态度"这一名称能够很好地概括这类形容词的特点,因此也选择使用"情感态度类"来命名。

(145)我也不太喜欢读古典名著,让我着迷的还是当代一些女作家的小说,我父母对此很生气,责怪我文化品位低俗,没有出息,缺乏文化教养。(CCL 语料库)

(146)也有的同学反映,学校请来的教师素质参差不齐,有的对同学极冷漠,上课来,下课走,与同学的交流极少。(CCL 语料库)

(147)在本届世界杯足球赛开幕前夕,曾有许多日本观众买不到比赛门票,可是,在比赛开始后,一些赛场却空着很多座席。观众和有关地方政府负责人对此十分愤怒。(CCL 语料库)

在例(145)中,“我父母”因为“我”“不太喜欢读古典名著”而表现出“生气”的态度。在例(146)中,“教师”对待“学生”的态度特别“冷漠”,从下文中所说的“上课来,下课走,与同学的交流极少”就可以感受到这份冷漠。在例(147)中,“观众和有关地方政府负责人”对于比赛前买不到票、开赛后又出现空着的座位感到不满,因此表现出“十分愤怒”的态度。这几例中的形容词都表达消极意义的情感态度,类似的词语还有严、凶、气愤、恼火、苛刻、麻木、小气、霸道、马虎、冷淡、悲观、尖酸刻薄等。

(七)认知评价类 AP

表述对人、对事的认知状态或者评价,也是“对”字句的功能之一,所以在“Z”部分还可以出现认知评价类形容词。例如:

(148)林阿信对象棋很内行,还提了不少建议。(CCL 语料库)

(149)我们是第一次参加世界杯,中国人对世界杯太陌生了。(CCL 语料库)

(150)车站又离市区近,对旅客极为方便。(CCL 语料库)

(151)新规则对大家都很公平,刚出台时对我们的冲击也非常大。(CCL 语料库)

例(148)中的“林阿信”很熟悉象棋,所以“内行”是对其关于“象棋”的认知度评价。例(149)中的“中国人”因为“第一次参加世界杯”,所以不了解,“陌生”是对其关于“世界杯”的认知度评价。例(150)中的“车站离市区近”这件事,对“旅客”而言,给出的评价是“极为方便”。例(151)中的“新规则”对“大家”而言，给出的评价是“公平”。总体而言，这几例中的形容词都表示对人、对事的认知评价。能够出现在“对”字句“Z”位置的类似词语还有在行、精、精通、熟、熟悉、适合、适用、合适、公正、平等、重要、深刻、忠诚、神秘、正确、全面、深入等。

另外，还有一类以“有X”“无X”“不X”[①]形式存在的形容词，从广义上来讲，也表达对人、对事的一种评价，我们不再单独分类，也一并放在这组中。例如：

(152)自由贸易当然对消费者有利，但消费者如此之多，分摊在每个消费者头上并不明显，他们也没有组织起来保护自己利益的激励。(CCL语料库)

(153)如果中央把什么权力都放弃了，就可能会出现一些混乱，损害香港的利益。所以，保持中央的某些权力，对香港有利无害。(CCL语料库)

(154)午睡对健康有益，它不仅可以消除紧张的心情，还有利于预防疾病，延年益寿。(CCL语料库)

(155)皮肤用的防晒霜对头发无效，因为它们需要有活细胞才能生效。(安妮塔·耐克《懒女孩的美丽指南》)

例(152)中的“自由贸易”这件事对于“消费者”而言，被评判为是一件“有利”的事，所以可以给出评价为有利于消费者。在例(153)中，针对“香港”的情况，“保持中央的某些权力”，是一件“有利无害”的事，所以“有利无害”是针对这种做法给出的评价。例(154)中“午睡”的做法，会为“健康”带来好处，所以，针对“午睡”这件事给出的评价是“有益”。在例(155)中，给“皮肤用的防晒霜”用在“头发”上，是没有效果的，所以“无效”是对这种做法的评价。类似词语还有有用、有害、有效、无用、无益、不利等。这部分词语的特点是，都表示对某人或某物采取某种行为或做法，会产生一种什么样的变化，这种变化即为一种行为评价。另外，陆俭明(2003)在论述这类词语时，还提到了“有数”和“无数”这两个词语，虽然从形式上来看，它们与以上提到的各词有着相似之处，都构成

① 陆俭明(2003)将这类形容词概括为“有用无益类”，我们认为此类词既然也表示评价，只是存在一种“有X”“无X”的形式而已，在“对”字句中所起的作用与“公平”“方便”类并无太大差别，所以不再单独处理，统一归为一类。

“有 X”“无 X”的形式,但是它们的含义却和以上词语不太一样,不能构成一种评价。而且,我们检索 CCL 语料库后发现,“对……有数”的用例很少,“对……无数”没有适合的语料,因此,我们不将这两个词语放在此类型中。

三、“Z”进入“对”字句的限制条件

“Z”能够进入“对”字句的限制条件,一共包括三个方面,下面我们分别进行论述。

(一)“Z”至少能够激活两个参与体

通过以上的描写,我们了解到“Z”部分可以由动词和形容词性成分构成,具体表现为:表情体态类动词、言说动词、形式动词(必须带动词性宾语)、存现动词(必须带名词性或动词性宾语)、心理动词、情感态度类形容词和认知评价类形容词等。这些语言单位的共同特点就是都需要有两个成员与之呼应:表情体态类动词需要有能够发出表情和动作的发出者和承受者;言说动词需要有言说动作的发出者和倾听者;形式动词所带的动词性宾语是句子中实际的动作,它也需要有动作的发出者和承受者;心理动词也需要动作的发出者和参与者;情感态度类形容词和认知评价类形容词的共同特点是需要关联两种名词性成分,一种是情感态度和认知评价的主体,另一种是情感态度和认知评价关涉的对象。

总的来说,“Z”必须与“X”和“Y”这两部分构成一定的关联,才可以成功进入“对”字句。这主要是因为介词“对”的基本功能就是引出对象,引出的对象“Y”部分需要依附于“Z”才能顺利实现完整意义的表达,而“Z”无论是作为动作、行为、感受还是评价,都要有一个动作行为的“发出者”,这样就与“X”构成一定的关联,“X”和“Y”在“Z”的联系下,形成各种成对的关系,如施受关系、依存关系等,这种关系的具体体现是由“Z”来配合完成的。所以,只有具备这种能力的“Z”,才可以进入“对”字句。

对于这种能够同时联系两个成分的词语,学术界经常运用配价理论来进行解释。最早把化学中“价”(valence)的概念明确引入语法研究的是法国语言学家 Lucien Tesnière。最初引入“价”,是为说明动词支配名词的问题。零价动词

不支配任何名词，如下雨、刮风；一价动词支配一种性质的名词，如病、死（相当于不及物动词）；二价动词支配两种性质的名词，如喜欢、研究（相当于及物动词）；三价动词支配三种性质的名词，如告诉、送（相当于双宾动词）。

能进入“对”字句的词大多数都是二价动词。但是不能绝对地说，只有二价动词才能进入“对”字句的“Z”部分，因为也有个别一价动词是可以进入“对”字句的。例如：

（156）若是他知道我对你笑过，又知我将名字跟你说了，真不知会怎样罚我呢？（金庸《神雕侠侣》）

（157）屋子里显得很凄凉，似乎希望完全飞走了，甚至墙壁上挂的父亲的遗容也对她哭起来。（巴金《家》）

以上两例中出现在“Z”部分的“笑”和“哭”，都是一价动词，但是却可以成功进入“对”字句，因为“笑”和“哭”从语义上来讲，虽然首先关联的是动作的发出者，但是由于这类行为经常是在与人互动时才产生的，所以经常会同时出现一个与事成分，由介词“对”引出，因此，它们虽然为一价动词，但是能在“对”字句中出现也就不奇怪了。

不仅动词有配价的问题，形容词也有配价的问题。因为形容词在语义上也需要跟名词产生联系，所以与一种名词性成分有关联的就是一价形容词，如漂亮、聪明；与两种名词性成分有关联的就是二价形容词，如客气、精通。“对”字句可以用来检验形容词的配价，因为根据“对”字句的基本结构“NP_1 + 对 + NP_2 + AP”，能够在“对”字句中出现的形容词需要在语义上与 NP_1 和 NP_2 同时产生联系，即与两种名词性成分有关联，而像“漂亮”“聪明”类形容词就无法进入“对”字句了。因此，可以说，能够进入“对”字句的形容词，大都是二价形容词，因为只有二价词语才能同时满足主语和介词“对”介引的对象与之构成语义关联，构成双向语义配置。

不但动词、形容词有配价，名词也有配价。① 名词的配价主要表现为一个名词要与另外的某个名词在语义上构成依存关系。所谓“依存关系”就是二者各

① 以下关于名词配价的问题，详见陆俭明、沈阳（2003：144-145）。

自以对方为自己存在的先决条件。例如,“爸爸”与“妈妈”或“孩子”相对,那么,这就建立起一种依存关系。又如,与“态度”有关系的就是“谁的态度”“什么问题的态度”,所以就可以构成“某人(对)某个问题的态度”。如果一个名词不要求与另外一个名词构成依存关系,这个名词就是零价名词,如天空、大地;如果一个名词只要求与一种性质的名词在语义上构成依存关系,这个名词就是一价名词,如哥哥、爸爸;如果一个名词要求与两种性质的名词在语义上构成依存关系,这个名词就是二价名词,如意见、兴趣。能够进入“对 + NP_1 + 存现动词 + NP_2”结构的“NP_2”,都为二价名词。例如,对旅游产生兴趣、对学校有意见等。

可见,在动词、形容词和名词的配价问题上,“对”字句或“对”字结构,都可以起到一定的辅助鉴别作用。反过来说,“对”字句中出现的“Z”部分,到底有哪些词语符合条件,为什么可以进入“对”字句,我们也可以用配价理论来进行解释和说明。而关于“对 NP_1 的 NP_2”的歧义问题,也可以从名词配价的角度给出解释。

配价是语义范畴,“价”是词语在语义上联系一定数量和一定性质的成分的能力;词语在语义上所联系的成分的数量是词语的价量,词语在语义上所联系的成分的性质则是价质。确定词语的配价的基础是词语的意义。词义可以分为词汇意义和语法意义,与配价有关的是词语的词汇意义。词汇意义能够反映人类思维的概念特质,词义结构在不同的句式中运用,句式是其表现形式[①]。因此,句式对确定词语的配价状况有一定的作用,词语的配价确定后又反过来可以作为某一个句式成立的条件。

如果说配价理论是从语义的角度出发,对于“对”字句“Z”部分的条件适应性进行解释,那么运用认知理论,则可以从人类认知心理的角度,更好地说明“Z”部分的允准条件。一个句子是以谓语为核心,这是毫无疑问的,那么“Z”作为谓语核心,不管是由动词性成分还是形容词性成分来充当,都会涉及与其他认知域的关联。人类在认知一个具体过程的时候,总是要区分出两种重要的认

① 周国光(2011:129)

知范畴:运动形式和参与体。不同的运动形式会关联不同的参与体,运动形式之间的差别就是通过它们对不同参与体的规定区分出来的。[①] 相似动词的差别,正是通过它们所关联的不同参与体体现出来的,参与体角色的划分是一种认知思维的过程,体现认知心理所起的作用。主要的事件参与体包括:动作发出者、动作承受者、工具、场所、原因、时间等。

能够进入“对”字句的“Z”,需要至少能够激活两个参与体,并使这两个参与体之间构成一定的关联。例如,当“Z”为心理活动类动词“喜欢”时,可以激活多个参与体:

谁喜欢?——动作发出者

喜欢谁/什么?——动作承受者

为什么喜欢?——原因

怎样喜欢?——方式

……

而其中最重要的是首先激活“喜欢”这个心理活动的发出者,构成一个施事行为的认知域,然后再激活“喜欢”这个动作的承受者,构成一个受事行为的认知域,由介词“对”引出“喜欢”的承受者,由“喜欢”将两个认知域关联起来,整体构成一个认知框架。

又如,当“Z”为情感态度类形容词“冷漠”时,同样可以激活多个参与体:

谁具有冷漠的态度?——事件主体

对谁冷漠?——事件客体

为什么表现出冷漠的态度?——原因

冷漠到什么样子?——程度

……

而其中首先被激活的是具有“冷漠”这种态度的主体,然后再激活“冷漠”的客体,由介词“对”引出,构成一个“主体 + 对 + 客体 + 冷漠”的认知框架。因此,从认知语言学的角度来看,“Z”需要符合的条件就是至少能够激活两个参与

① 彭春霞(2009,11:252)

体，构成一个“参与体$_1$ + 对 + 参与体$_2$ + Z”的认知框架，只有满足这种条件的词语才可以进入“Z”。

因此，这是“Z”能够进入“对”字句的首要条件：至少能够激活两个参与体。

（二）“X”和“Y”的生命度属性与“Z”的语义相呼应

第二个条件就是在“Z”能够激活两个参与体的基础上，考虑“X”和“Y”部分的生命度属性，与“Z”的语义相呼应。

例如：

（158）陆涛还要拦，夏琳对他使了使眼色。（石康《奋斗》）

（159）婉容对文绣十分嫉妒，向我施加了不少压力，并经常说文绣的不是。（刘峻德《末代皇帝向我侃隐私》）

（160）平常，曹敏对设计师最苛刻，严格实行设计竞争制，规定每人每周推出6个款式，每周开一次评比会，在几十个款式中选中6款投入市场。（CCL语料库）

（161）从今年7月6日开始，省考古所和市文物局一起对西华门进行考古发掘，根据考古清理现场情况，遵照文物保护原则，对宋代门址进行现状保护展示。（CCL语料库）

例（158）中的“X”部分为人名“夏琳”，“Y”部分为人称代词“他”，指代上文出现的人物“陆涛”，二者均为表人名词，具有［+有生］语义特征。“Z”为体态类VP“使眼色”，从语义来分析，这是人所能发出的动作，因此，与“X”“Y”部分从语义上互相匹配。例（159）中的“X”部分和“Y”部分均为指人名词，具有［+有生］语义特征。“Z”部分由状态心理动词“嫉妒”充当，从语义配合来看，此类心理活动的动作发出者一定是人，所以此句“Y”与“Z”的语义配合恰当。例（160）中的“X”和“Y”部分也是由指人名词充当，具有［+有生］语义特征。“Z”部分由情感态度类AP“苛刻”充当，从语义配合来看，能够具有此类情感态度的一定是人，所以此句“X”与“Z”的语义配合恰当。例（161）中的“X”部分为机构团体名称，“Y_1”“Y_2”部分均为处所名称，这两部分都具有［-有生］的语义特征。“Z_1”部分由形式动词“进行”带动词性宾语“发掘”构成，“Z_2”部分由形式动词“进行”带动词性宾语“展示”构成。“发掘”和“展示”的受事内容应为

[－有生],“Y_1”“Y_2”与“Z_1”“Z_2”匹配,“进行”一词带有主动施为性,多用于书面语,因此,“X”部分表示动作的发出者为机构团体,也与“Z”部分协调一致。

(三)“Z”为多义词时,考虑具体义项的差异性

刘顺(2005:202)对比了三组句子:

A′	B′	C′
他对学习很用功。	＊他对学习很好。	＊他对头发很长。
他对工作很热心。	＊他对工作很不错。	＊他对鼻子很大。
他对发言很积极。	＊他对发言很精彩。	＊他对文化水平相当高。

刘顺认为A′的句子能成立的原因是谓语部分的形容词是双向形容词,它需要两个强制性成分与之同现,其中一个强制性成分通过介词“对”引入。而B′、C′的句子不成立的原因是谓语部分的形容词是单向形容词,只需要一个强制性成分,这个强制性成分充当句子的主语,所以不能放在“对”字句中,因为“对”又引入了一个强制性成分,与形容语的单向属性不符。

我们同意刘顺所论述的A′部分成立的原因,但是对于B′部分的前两个例子,我们认为并没有给出其根本原因。我们先来看两组对比的例子:

B′　　　　B″

＊他对学习很好。——他对我很好。

＊他对工作很不错。——他对下属很不错。

刘顺认为“好”“不错”都属于单向形容词,即一价形容词,不可以带两个强制性成分,不能在“对”字句中出现。但是在B″组对比的例子中,依然使用“好”和“不错”,却可以在“对”字句中出现,同时关联两个强制性成分,这就意味着它们不是一价形容词。可是怎么解释B′组不成立的原因呢?这就需要考虑“X”部分和“Y”部分与“Z”的配合了。B′组中“学习”“工作”从生命度属性来看,都具有[－有生][＋抽象]的语义特征,因此,与“Z”部分不能匹配。而B″组的“我”“下属”都具有[＋有生]的语义特征,所以可以和表示态度的形容词“好”“不错”配合。

而且,“好”具有多个义项[①]:

①优点多的,使人满意的(跟“坏”相对):好人、好脾气、庄稼长得很好。

②合宜,妥当:初次见面,不知道跟他说些什么好。

③用在动词前,表示使人满意的性质在哪方面:好看、好听、好吃。

④友爱、和睦:友好、好朋友、他跟我好。

……

显然,在B″中,“他对我很好”的“好”,应该是“好”的第4个义项。而“学习很好”中的“好”应该是“好”的第1个义项。

因此,我们有必要将这一点也列入“Z”部分能够进入“对”字句的条件,即条件三:如果“Z”是多义词,则需要考虑其不同义项所能激活的参与体(强制性成分)数量,不能笼统地判断某个词是否具备进入“对”字句的条件,而应该考虑的是该词的某个义项是否具备进入“对”字句的条件。以“好”为例,当“好”表示“优点多的,使人满意的”这个义项时,只能关联一个参与体(强制性成分),因此,不可以在“对”字句的“Z”部分出现。但是当“好”表示“友爱、和睦”时,则可以关联两个参与体(强制性成分),因此,可以在“对”字句的“Z”部分出现,但需要同时兼顾“Y”的生命度属性为[+有生]。这就是由义项“友爱、和睦”决定的“参与体$_2$”的生命度。

综上所述,“Z”部分能够进入“对”字句的几个条件为:

(1)“Z”至少能够激活两个参与体。

(2)“X”和“Y”的生命度属性需要与“Z”的语义相呼应。

(3)如果“Z”为多义词,不能笼统地判断某个词是否具备进入“对”字句的条件,而应该考虑的是该词的某个义项是否具备进入“对”字句的条件。

① 参考《现代汉语词典》解释词条。

第三节 “对”的语义特征、功能演变及其与“X”“Y”“Z”的内部关联性

一、“对”的语义特征

“对”的意义是“对”字句研究的焦点之一，许多学者都对此做过研究，但是因为意义的概括带有一定的主观性，所以关于“对”的意义分类一直也没有一个统一的观点。概括起来，主要有以下几种有代表性的观点：

第一种是两分法。以吕叔湘先生主编的《现代汉语八百词（增订本）》（1999）、侯学超的《现代汉语虚词词典》（1998）和朱景松《现代汉语虚词词典》（2007）为代表。吕叔湘和侯学超都认为“对”有两种意义：一种表示“朝、向”，指示目标和对象；另一种表示“对待”，大致跟“对于”相同。侯学超（1998）将介词“对于”分为四类：①介绍动作的受事；②介绍有对待关系的人或事物；③介词短语作定语；④介绍行为的施事，表示论断所涉及的主体。因此，表面看是分成了两类，其实内部还继续进行划分。但是侯学超的分类标准并不统一，第三个是从语法角度进行的分类，其他几个是从功能角度进行的分类。朱景松（2007）的分类比较统一，都是从功能入手进行的分类：①引进动作的对象，有“向、朝、跟”的意思；②引进动作、行为涉及的人或事物；③引进说话的着眼点或某个方面。

第二种是三分法。孙蕾（2007）认为“对”有三种意义：一是“指示动作对象目标”；二是“表示对待关系”；三是“表示涉及关系”。

第三种是四分法。赵淑华（1996）从介词“对”的功能入手，认为“$对_1$”引出动作的受事；“$对_2$”引出指向的对象；“$对_3$”引出被对待者；“$对_4$”引出关涉或谈论的对象。傅雨贤（1997）结合“对”的意义和用法，将“对”归纳为：“$对_1$”表示方向；“$对_2$”表示对象目标；“$对_3$”表示对待关系；“$对_4$”表示涉及关系。李琳莹（1999）从分析对外汉语教学中所产生的关于“对”的偏误入手，将“对”的意义概括为：“$对_1$”含有“朝、向”义；“$对_2$”介绍心理活动或情感态度所对待的对象，

含有“对待”义；“对$_3$”介绍出句中主要动词表示的行为所针对的对象；“对$_4$”介绍出判断、描写或叙述所出发的角度，引出针对的特定对象。这几种分类方法虽然有分有合，但是“对”的所有功能都得到了概括。

对于“对”的语义分类，主要从两个角度进行，一个是考察其意义，但是作为虚词，其意义已经虚化，是不容易概括的；另一个是考察其在句中的功能，“对”作为介词的整体功能是“介引”，那么介引了哪些具体的对象，就是“对”的下位类划分原则。

以上各位学者对介词“对”的意义分类对比见表 2－3。

表 2－3　“对”的意义分类对比表格

<table>
<tr><th>学者</th><th colspan="6">“对”的分类</th></tr>
<tr><td>吕叔湘(1999)</td><td colspan="2" rowspan="2">表示“朝、向”，指示目标和对象</td><td colspan="4" rowspan="2">表示“对待”</td></tr>
<tr><td>侯学超(1998)</td></tr>
<tr><td>朱景松(2007)</td><td colspan="2">引进动作的对象，表示“向、朝、跟”</td><td colspan="4">引进动作、行为涉及的人或事物
引进说话的着眼点或某个方面</td></tr>
<tr><td>孙蕾(2007)</td><td colspan="2">指示动作对象目标</td><td colspan="2">表示对待关系</td><td colspan="2">表示涉及关系</td></tr>
<tr><td>赵淑华(1996)</td><td colspan="2">引出指向的对象</td><td>引出动作的受事</td><td>引出被对待者</td><td colspan="2">引出关涉或谈论的对象</td></tr>
<tr><td>傅雨贤(1997)</td><td>表示方向</td><td>表示对象目标</td><td colspan="2">表示对待关系</td><td colspan="2">表示涉及关系</td></tr>
<tr><td>李琳莹(1999)</td><td colspan="2">含有“朝、向”义</td><td colspan="2">含有“对待”义</td><td>介绍出句中主要动词表示的行为所针对的对象</td><td>介绍出判断、描写或叙述所出发的角度，引出针对的特定的对象</td></tr>
</table>

因为汉语是一种缺乏形态变化的语言，所以我们的词类划分依据主要是功能和意义，以功能为主，在功能一致的条件下，再考虑意义。而作为虚词，词汇意义已经虚化，所以只能从语法意义入手，进行对比分析。作为介词，我们研究

的主要是“对”的语法意义，从目前的分类情况来看，各家观点有同有异，对于“对”的基本含义和功能都已经概括出来，主要是在各义项的分合上存在一些争议。那么怎样分类才合理？我们分类的目的是什么？这是需要考虑的问题。分类是为了能够更好地对其进行研究，便于区分小类之间的差别。同时，“对”的不同小类是否与其所在句式中的其他成分有关系，有着怎样的关系，这都是我们进行分类时需要考虑的。

由于介词“对”是从动词“对”演变而来的，在演变的过程中，介词“对”是不断虚化的，所以其作为介词的语法意义，有的能够概括出来，有的已经不容易准确概括。因此，我们认为，介词“对”的分类应该以功能为主，意义为辅，即兼顾其与句式中其他成分的关系，又适时地给出意义概括。综合各家观点，结合语料，我们将介词“对”分为以下三种。

对$_1$：介引体态、言说等具体动作对象，表示“朝、向”。

对$_2$：介引施为、存现对象，表示“针对、关涉”。

对$_3$：介引感受评价对象，表示“对待”。

二、“对”由动词到介词的演变

傅雨贤等（1997）认为动词演化为介词的途径有两种：第一种是在演化的过程中，介词的功能出现了，而动词的功能并没有消失，在相当长的一段时间里，甚至直到现在，动词、介词的功能并存；第二种是介词的功能出现后，动词的功能减弱以至消失，发展到现代汉语，几乎只有介词的功能还存在，动词的用法已经很少了。这两种途径跟词义的发展和演变有密切联系，在第一种发展途径中，词义往往没有发生多少变化，即新产生的介词跟原来的动词在意思上没有多少区别；在第二种发展途径中，词义往往会有较大的变化，即新出现的介词在意义上发生了很大变化，跟原来动词的意思基本不同，有时意思虚化了，很难用一个具体的实词来表达。[①]“对”由动词到介词的演变更贴近于第一种情况。

张美霞（2014）考察了“对”由动词到介词的演变过程，认为“对”的语法化

① 傅雨贤、周小兵等（1997：5）。

过程不是单一路径，而是由两个路径发展而来的：“回答义”动词衍生出表示言说对象的介词“对”；“朝着”义动词衍生出表示行为对象的介词“对”。

东汉时期是介词“对”产生的关键期。先秦时期动词“对”表回答义，形成“对……曰”的格式：

(162)子产不待而对客曰：“郑国不天，寡君之二三臣，札瘥夭昏。”(《左传·昭公·昭公十九年》)

此例中“对”为“回答”义动词，“曰”引进谈话内容。

(163)子孙有过失，不谯让，为便坐，对案不食。(司马迁《史记·万石张叔列传》)

此例中“对”为“朝着”义动词，后接朝着的对象。

只有处于连动式“对 NP + VP”中，而且“对 NP”居于从属地位时，“对”才可能被重新分析(reanalysis)为介词。

Ⅰ：$NP_{人}$ + $对_{动}$ + $NP_{人}$ + $V_{言说}$ + $NP_{事}$ > $NP_{人}$ + $对_{介}$ + $NP_{人}$ + $V_{言说}$ + $NP_{事}$

Ⅱ：$NP_{人}$ + $对_{动}$ + $NP_{人}$ + $V_{动作情感}$ > $NP_{人}$ + $对_{介}$ + $NP_{人}$ + $V_{动作情感}$

Ⅰ式中“对”的回答义弱化，由句中的言说动词承担全句的主要动作义，使得“对 NP”居于从属地位，从而演变为介词。Ⅱ式中“对”的朝着义弱化，由句中的动作情感动词承担主要的动作义，使得“对 NP”变为状语成分，从而演变为介词。

在现代汉语中，介词“对”在表示“朝、向”义时，既可以介引动作对象，又可以介引言说对象，这是因为出于礼貌，我们在讲话时，大都是面对着听话者的，因此，“对……说”，既引出言说对象，又带有一定的方向性。但是与“对”介引具体动作对象相比，“对”在介引言说对象时，方向性的体现没有那么绝对化。例如：

(164)姐姐一边对窗外看，一边对妈妈说着她在学校的事。

此例中，前一分句的“对”为介引具体动作行为“看”，“对”带有明显的方向性，表示“朝、向”义；后一分句的“对”介引言说对象“妈妈”，就不带有方向性了。通常情况下，“姐姐”对“妈妈”说话，出于礼貌，是应该朝、向着妈妈的，但在此例中，可能“姐姐”对于妈妈的问话不耐烦，因此只是看向窗外的风景，心不在焉地对“妈妈”说着话，也可能是因为正在等某人来找她，所以才对窗外看，看是否有人来了。总之，这样的情景在现实生活中是会出现的，但是通常情况下，说话者一定是面对听话者的。因此，大多数情况下，“对”在介引言说对象时，也可以带有“朝、向”义。

语言总是在使用过程中逐渐发生变化的，所以不管“对”由动词演变为介词的路径是一条还是两条①，我们现在看到的介词“对”的用法是由动词到介词过渡过程中所呈现出的几种不同的功能，“对”的语法化程度也体现了由低到高的变化趋势。结合上文中所描述的“对”字句中“Z”部分的语义特征，我们尝试在二者之间建立起一定的关联性。

三、介词“对”的功能演变与“Z”部分的内部关联性

从上文中的分析可知，“对”字句中“Z”部分可以出现的词语形式有：

(1)表情 VP。

(2)互动体态 VP。

(3)言说 VP。

(4)形式动词＋动词性宾语($DV + O_V$)。

(5)存现动词＋名词性宾语(O_N)/动词性宾语(O_V)。

(6)心理感知类 VP。

(7)态度评价类 AP。

以上各类 VP 反映了动词到形容词动作性强弱的变化，我们尝试将它们与介词“对”的语法化程度结合起来，考察二者之间的横向联系。如图 2－3 所示。

---

① 周芍、邵敬敏(2006)也曾考察了介词“对”由动词“对”虚化来的路径，认为首先产生的是引进动作对象的介词“对”，然后是引进对待对象的介词“对”。该文认为当“对”字结构后接表示言说的动词时，则“对”还没有完全虚化。与张美霞相比，文中没有提出“对”的演变有两条路径。

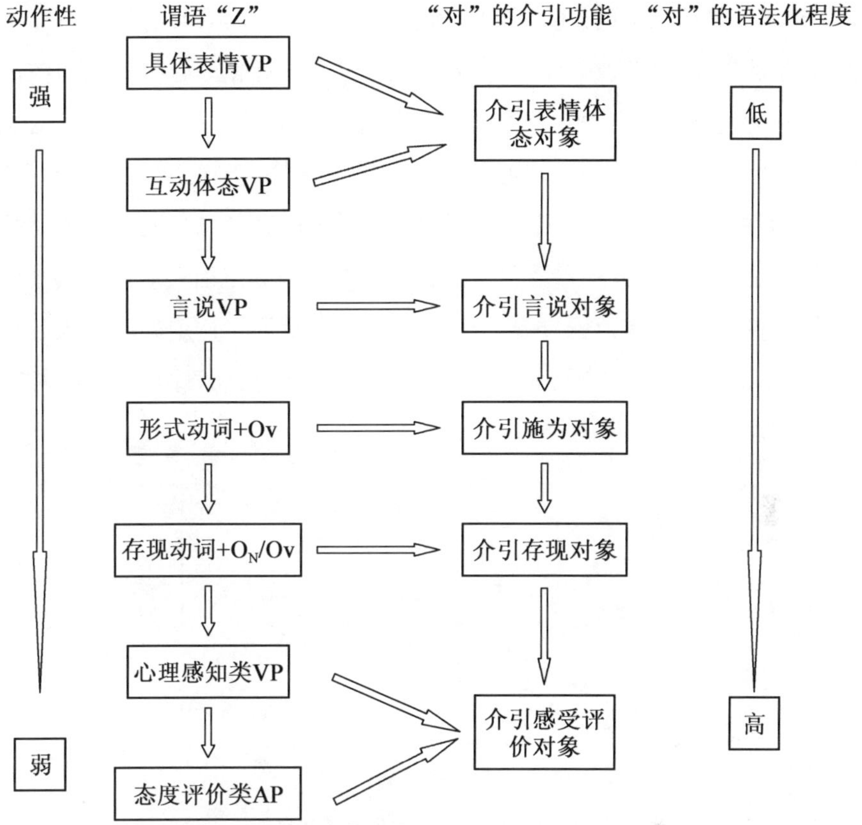

图 2-3　谓语“Z”与“对”的功能关联图

可见,随着“Z”的动作性由强到弱,介词“对”的语法化程度也由低到高[①],因此“对”在句中所具有的介引功能是随着“Z”部分的变化而相应地变化的,二者之间具有一定的关联性。

---

① 这里我们需要做一点说明,“对”介引表情体态动作时,主要带有“朝、向”义,其来源是“朝着”义动词;“对”介引言说动词时,其来源是“回答”义动词,由于此时“对”也带有一定的方向性(已经在上文解释过),因此,我们将其看成是“对”介引表情体态对象时方向性的延续,所以统一放在一起探讨“对”在现代汉语使用中的功能变化,就不考虑其演变路径的不同了。在古代汉语的语料中,也可以看到这两种用法的联系。据张美霞(2014)的考证,东汉语料中出现了“对 NP”修饰连谓结构:V1 为动作行为动词,V2 为言说动词的情况。可见,这两类介词“对”之间从东汉起曾被连用,所以这也推动了后期“对”的一致性发展与演变。

虚化不仅是语义上的，还会带来形式上的变化，如搭配上的泛化、分布上的扩大、单位从独立到依附等。[①] “对”从“回答”义动词虚化为介引言说对象的介词，再虚化为引出施为言说对象和施为其他动作对象的介词、介引存现对象的介词，最后虚化为更抽象的引出心理感知和态度评价对象的介词，这恰好证明了介词“对”是不断虚化的。Heine 等（1991）在谈到确定格标记的语法化程度时，概括出七条参数。其中参数（f）是：如果两个范畴的差别只体现在其中的一个范畴具有更宽的指涉范围（more inclusive），也就是说在特定的语境里它可以包含另一个范畴，那么指涉范围更宽的范畴更为语法化。[②] 我们认为，介词“对”的语法化程度也正体现了这条参数。

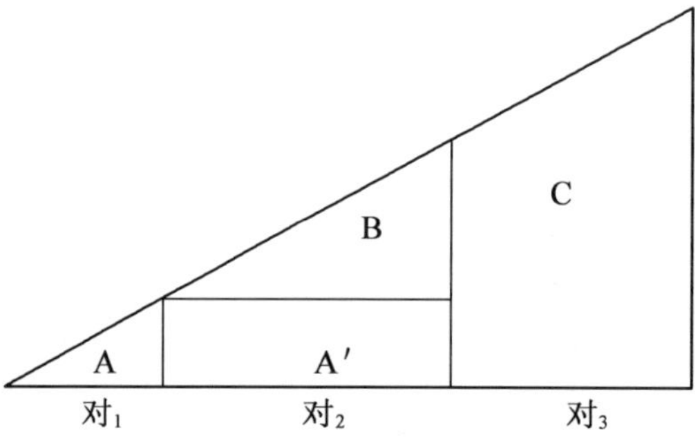

图 2－4 “对”的语法化程度变化图

在图 2－4 中，我们可以看到，三角形从左侧的锐角开始逐渐延伸，内部面积也逐渐增大，即随着“对”的介引对象的范围逐渐扩大，其功能扩大了，语法化程度也提高了。“$对_1$”介引言说对象[③]，VP 均为言说动词，即 A 部分。当“$对_2$”介引施为对象时，可以介引“回答”“讨论”“辩解”等与[＋言说]特征有关的行为对象，即 A′部分；但同时也出现了“保护”“考察”“援助”等与[＋言说]特征无关的 VP 的介引对象，即 B 部分。“$对_3$”介引感受或评价对象时，VP 本身已经

① 详见刘丹青（2003）。

② 转引自吴福祥（2003）。

③ 这里我们没有说明当“Z”为表情、体态类动词时，介词“对”的演变情况，是因为这时的“对”是由“朝着”义动词演变而来的，而当“Z”为言说动词时，介词“对”是由“回答”义动词演变而来的。来源不同，所以不能体现在一个图示中。

不带有[+ 言说]特征,“对$_3$”介引的对象已经完全脱离了[+ 言说],即 C 部分。关于对$_3$为什么可以扩展到介引心理感知和态度评价类对象,我们可以从人类认知的过程中得到答案。人类对外部世界的认知总是体现为从空间到时间,由外部到内部的发展过程,而人类自身的意识过程则是由心理感知、言说和行为过程构成的。作为意识的主体,言语和行为体现的都是心理感知的外化过程,情感是通过言语和行为表达出来的。因此,如果“对”可以介引言说对象、动作施为对象、存现对象,那么自然也可能发展为介引心理感知和情感态度对象,这是人类整个意识过程的体现。我们可以来对比下面的几个句子:

a 我要对他讲讲我的意见。

b 我的意见要对他作出说明。

c 我对他有意见。

d 我对他不满。

以上几例中,虽然表意基本相同,都是“我”对“他”表示不满意的想法,但是介词“对”所介引的对象从 a 到 d 体现了“对”介引功能的扩大与发展,而从 d 到 a 则是人类认知过程的体现,先有内心的感受,再以语言和行为为载体表现出来:d 为直白的内心感受,c 为较含蓄的表达,b 为主观施为打算做某事,表述内心感受,a 为通过具体言说行为来陈述内心感受。

概念整合理论(conceptual blenging theory)也可以说明介词“对”功能的发展过程中体现出的相关性。概念整合中有两类整合形式,一类是糅合型整合,另一类是截搭型整合。糅合和截搭的区别主要是看两个概念是相似还是相关。隐喻体现的是概念间的相似性,是用一个概念来描述另一个相似的概念,所以糅合型整合跟隐喻有关。转喻体现的是概念间的相关性,是用一个概念来指称另一个相关的概念,所以截搭型整合跟转喻有关。[①] Lakoff(1987)认为隐喻和转喻都不仅仅是特殊的修辞手段,也不仅仅是语言现象,而是人类一般的思维和行为方式,我们的概念和概念系统在很大程度上具有隐喻和转喻的性质。

我们在上文已经对“Z”部分出现两个以上动词的现象进行了描写,如例(42)、(43)中都体现出截搭型整合。

例(42):对她眨了眨眼 + 对她说→对她眨了眨眼说

例(43):对她们摇了一摇头 + 对她们道→对她们摇了一摇头道

① 参见张美霞(2014)。

从语法化的角度来看，由于介词“对”是由表示“言说”义的动词“对”虚化而来的，在有两个或两个以上成分进行截搭时，表示言说类的 VP 总是位于后方，是谓语部分的核心，这与“对”首先虚化为介词时介引言说对象也有一定的关系。我们在上文中提出，在“对”字句中，如果谓语由连谓短语构成，只能出现“对……眨了眨眼说”“对……摇了一摇头道”，言说动词都是位于后方的，不会出现“对……说眨了眨眼”“对……道摇了一摇头”，原因也可以从“对”的功能演变中得到解释。

四、“对”与“X”“Y”“Z”的内部关联性

通过上文对于“X＋对＋Y＋Z”这一“对”字句的描写与分析，我们观察对比后得到如下一些结论：

（1）当“Z”为表情、互动体态动词、言说动词时，“X”和“Y”部分多由指人名词和人称代词充当，体现出[＋有生]的特点。有部分“Y”由方位短语充当，这与“对”在其中表示“面对、朝、向”义有关，但是方位短语的使用存在两种情况，一种为只表示方位，另一种转喻在此方位的人。

（2）当“Z”为形式动词带动词性宾语（DV＋O_V）时，O_V 带有[＋言说][－相互][＋单向]的语义特征，“X”多由国家、机构、团体和具有重要地位的个体等名称构成，“Y”多由国家、机构、团体、社会性事件等构成，且多由抽象事件构成。因为需要叙述事件，所以从结构来看，“Y”部分相对来说比较复杂，要通过多层定语或其他短语类型来实现“Y”部分的书面化表达。“X”“Y”部分的语义特征以[－有生]为主。“对”字句整体含义更多体现社会性事件内容，语体较正式，动词性宾语也多为双音节的表正式含义的词语，部分由带有言说含义的动词组成，如讨论、分析、批评等。这也体现了“对”的含义由实到虚的变化过程：由介引施为言说对象到介引其他施为动作对象，如监督、控制、处罚等。

（3）当“Z”为存现动词带名词性宾语（O_N）或动词性宾语（O_V）时，“X”以表人名词、人称代词等具有[＋人]特征的词语为主，也可以是与 O_N 或 O_V 的语义匹配的[－人][－有生]的词语。但如果 O_N 或 O_V 的语义要求该动作发出者需要具有[＋人]的语义特征，那么出现的具有[－人]语义特征的“X”部分，表现出的是一种拟人用法。“Y”部分可以具有[＋人]的语义特征，也可以具有[－人][－有生]的语义特征，如表示概念、事件、学科、事物名称等，也是主要由 O_N 或 O_V 的语义来决定。O_N 和 O_V 从配价要求来讲，都为二价词语。“对”

在此介引存现的态度或行为对象。

(4)当“Z”为心理活动动词或情感态度类形容词时,“X”多由指人名词充当,偶尔出现由动物名词充当的情况,但是不会出现[-有生]类词语充当的情况,因为能够发出心理活动或者表达情感态度的,一定是具有[+有生]特征的个体。“Y”部分可以是[+有生],也可以是[-有生],主要由“Z”的语义决定其生命度属性。“对”介引心理感知或情感态度的对象,功能进一步虚化。

第四节　本章小结

这一章我们主要描写“X+对+Y+Z”中“X”“Y”“Z”的句法语义属性,“X”和“Y”以体词性成分为主,“Z”的语义情况决定“X”和“Y”部分的语义属性:[+人][+有生][-人][-有生][-抽象][+抽象]等。也有部分谓词性成分在“X”“Y”位置出现,包括动宾短语、主谓短语、状中短语等,但大多可以在其后添加“这件事”类的复指成分,体现出“Y”的指称性功能。

我们对“Z”部分的语法成分进行了全面描写,论述了动词重叠式在“对”字句中的多种含义,发现中补结构中可能补语的肯定式不能在“Z”位置出现,并借助相关理论和前人的研究成果进行了分析与说明。“Z”的语义是决定整个“对”字句特征的关键点,所以我们对其展开了全面而详细的描写,并在每部分做出了适当的解释,论述了“Z”能够进入“对”字句的限制条件。通过转喻、移情、心理扫描、概念整合、原型范畴、主观性、主观化、语义偏移、配价、扩展等认知、功能理论说明了肯定性“对”字句中存在的种种情况。

分析了介词“对”的语义功能、“对”由动词到介词的演变路径、“对”的语法化程度高低与“Z”的动词性强弱的关联性,还有介词“对”在现代汉语中的功能扩展,“对”与“X”“Y”“Z”的关联性等问题。

第三章　否定性“对”字句

在现代汉语中，“NP_1 + 介 + NP_2 + VP/AP”句式的否定形式一般是“NP_1 + Neg + 介 + NP_2 + VP/AP”，即否定词一般只能出现在介词前面，不能在介词后面直接用在 VP/AP 之前。例如：

a 他不把领导放在眼里。

a′ * 他把领导不放在眼里。

b 这种证书在国外不被人们承认。

b′ * 这种证书在国外被人们不承认。

但并非所有“NP_1 + 介 + NP_2 + VP/AP”的否定形式都只有“NP_1 + Neg + 介 + NP_2 + VP/AP”一种[①]。通过对大量语料的考察与分析，我们发现“对”字句的否定形式有两种，一种是否定词位于介词“对”前，另一种是否定词位于谓语前。即：

A 式：X ＋ Neg ＋对＋ Y ＋ Z

B 式：X ＋对＋ Y ＋ Neg ＋ Z

我们先来看几组例子：

(1)a 我不对他倾诉。—— *(1)b 我对他不倾诉。

(2)a 我不对他讲这件事。——(2)b 我对他不讲这件事。

(3)a 我们不对这个问题进行研究。——(3)b 我们对这个问题不进行

---

① 虽然张蕾(2004)、李双剑(2014)、单威(2013)分别对“把……不”“把/被……不”“比……不”等否定词位于介词后的特殊情况进行了研究，但是与“对”字句中的“对……不”否定形式相比，数量少、应用范围小、限制条件多，相对而言，“对”字句的两种否定形式使用更普遍。

研究。

＊(4)a 妈妈不对我的成绩满意。——(4)b 妈妈对我的成绩不满意。

＊(5)a 这身装扮不对你合适。——(5)b 这身装扮对你不合适。

在这几组例子中,我们看到只有例(2)和例(3)两种否定形式都成立。例(1)只有 a 句成立,例(4)和例(5)只有 b 句成立。可见,并不是所有的肯定性“对”字句都有两种否定形式。

本章我们要研究的主要问题就是哪些情况下可以同时存在 A 式和 B 式两种否定句,它们内部是否有差异;哪些情况下只有 A 式或 B 式一种否定形式存在。我们将通过“Z”部分的准入条件、“对”的语义、否定词的位置等因素来考察 A 式和 B 式否定句的不同情况,并建立起它们之间的序位关联性。同时,对两种否定形式能够在现代汉语中并存的原因做出解释。另外,还尝试对两种否定式的语义、语用功能展开比较,从现实和非现实的角度探讨两种否定式的关系。

第一节　否定式 A 与否定式 B 双式允准型

一、双式允准型否定的特征

我们以“对”的功能和“Z”部分的语义特征为线索,来具体说明能够同时进入两种否定性“对”字句的具体情况。

(一)“$对_1$”介引言说对象,“Z”由言说动词带言说宾语构成

(1)他不对父母讲真话。

(2)他对父母不讲真话。

例(1)和例(2)中谓语 VP 都为言说动词“讲”,并且带有表示言说内容的宾语“真话”,“$对_1$”介引言说对象。此时,言说动词既可以进入 A 式否定句,又可以进入 B 式否定句,两种情况均被允准。言说动词带表示言说内容的宾语是两种否定式能够被允准的限制条件。A 式在不带言说宾语的情况下也可能成立,但是 B 式必须要带上言说宾语。因为使用 A 式否定的是“$对_1$”介引的对象,强

调的是“说/讲”的动作不发生；如果使用 B 式，否定的是动作“说/讲”及其内容，因此，VP 的后面没有宾语，会给人一种话没说完的感觉，句子会表现出一定的不自足性。所以，言说类动词只有在带宾语的情况下，才同时允许 A 式和 B 式出现。

（二）“$对_2$”介引施为对象，“Z”由“形式动词 + O_V”构成

（3）中国与世界许多国家一样，实行宗教与教育分离的原则，在国民教育中，不对学生进行宗教教育。（中华人民共和国国务院新闻办公室《中国的宗教信仰自由状况》）

（4）有的医院不认真执行安全操作规程，对病员不进行防火教育，以致由于病人在舱内吸烟、用打火机、玩玩具发火手枪而造成氧舱爆燃事故。（CCL 语料库）

例（3）和例（4）都由形式动词“进行”带动词性宾语“宗教教育”和“防火教育”构成。“$对_2$”介引施为对象“学生”和“病员”。否定词“不”可以在“对”字句中自由转换，A 式否定句和 B 式否定句均可进入①。但是形式动词“加以”“予以”等由于受到语音形式的限制，在 A 式和 B 式之间进行转换时需要做出一定的词形变化，由“不加以”“不予以”改为“不加”“不予”，因此我们没有把此类现象归为双式允准型否定。详见下文分析。

而且，在形式动词“对”字句中，两种否定式的使用频率并不相同。我们对 CCL 语料库进行了穷尽式检索，得到的数据见表 3－1。

表 3－1　形式动词使用频率对比表

否定形式 形式动词	进行	加以	予以	给予	作（出）
A 式	227	36	13	6	130
B 式	26	18	8	6	60

① 但是例（4）能够自由运用与其有后续小句也有一定的关系，如果只是一个单一小句的话，会感觉话没说完，具有一点不自足性。

从表 3－1 中可以看出，A 式的使用频率高于或等于 B 式，没有 B 式超过 A 式的情况。详见下文分析。

（三）“对$_2$”介引存在类行为对象，“Z”由“存在类动词＋O_N/O_V”构成

（5）贾马利说，“巴基斯坦不对别国怀有敌意，而希望与之保持友好关系”“我们希望与所有的邻国保持友好关系，但是我们的良好愿望不能被认为是我们的软弱”。（CCL 语料库）

（6）他说，美国人民对中国人民并不怀有敌意，而是怀有友好的感情，美国人愿意与中国人成为朋友。（CCL 语料库）

（7）此间分析家认为，这个文件并不会对西方的失业现象带来多大变化，因为人们本来就不对这次会议抱有很大希望，所以也就谈不到失望。（CCL 语料库）

（8）能容纳 6 万人的天河体育场只来了大约两万多名球迷，似乎球迷对这场比赛也不抱有太大的希望。（CCL 语料库）

例（5）和例（6）都由“存在类”动词“怀有”带名词性宾语“敌意”构成，“对$_2$”介引存现行为的对象“别国”和“中国人民”。否定词可以在 A 式和 B 式中自由移动，两种否定式均可进入。例（7）和例（8）由“存在类”动词“抱有”带名词性宾语“希望”构成，“对$_2$”介引存现行为的对象“这次会议”和“这场比赛”，否定词可以在“对$_2$”前或“抱有”前自由转换，A 式否定句与 B 式否定句均被允准。

在以上这两种情况下，A 式否定句和 B 式否定句可以互相转换，当然，如果实际语料中出现副词、定语等限定成分，也可能会影响二者转换。

二、否定式 A 与否定式 B 的认知心理扫描方式

在否定式 A 和否定式 B 中，如果出现的“Z”部分为不同类型的 VP 或 AP，我们可以从 VP 或 AP 的语义中辨别二者的差异，但是对于 A 式和 B 式均被允准的相同 VP 句，我们则需要跳出 VP 的语义，从认知心理的角度探寻其内部的不同心理扫描方式。

形式上的不同，必然反映意义上的差异；或者说编码方式的不同，必然体现

出说话者对同一情景的不同认知。因为语言形式的来源是说话者采用不同的方式对情景进行概念化的表述。不同的表达形式体现不同的识解结果，这两种否定形式体现的是说话者对同一事件的不同识解方式。“识解”是指说话人心理形成和建构一个表达式的语义内容的方式，Langacker（1987）将其定义为“说话人（或听话人）与其所概念化和描绘的情景之间的关系”。[①] 识解有不同的维度，我们认为A式和B式的差异主要体现在心理扫描（mental scanning）方式和凸显方式的不同。

心理扫描是一种认知加工过程，是说话者为了描写事件而采用的一种构建情景的方式。Langacker（1987）按照注意力移动方式的不同，区分了两种扫描方式：总体扫描（summary scanning）和次第扫描（sequential scanning）。它们是说话者在识解一个情景时所使用的不同方式。总体扫描，又称概括扫描，是把一个过程看成是一个完整的单位，其中所有事件成分被看成是一个整合的整体；次第扫描，又称序列扫描，是把一个过程看成是许多事件成分的一个序列。[②] 总体扫描的最大特点是以累加性（cumulatively）方式激活各成分，从而被感知为一个连贯的格式塔（gestalt）；而次第扫描则呈现为顺次转换，按时间的先后顺序激活各成分，本质上是非累加性的。

Langacker（1987：144）曾使用图3－1和图3－2来表示这两种扫描方式的差异。

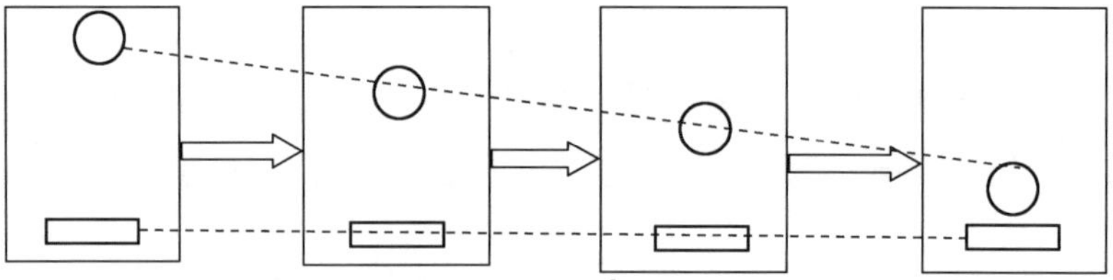

图3－1　次第扫描

图3－1表示的是次第扫描的过程。四个长方形分别表示四个场景依次出

① 参见文旭《语言的认知基础》（2014），88页。

② 参见文旭《语言的认知基础》（2014），97页。

现,而四个长方形被箭头连接,表示依次被激活的过程。虚线将每个长方形中的圆形串联起来,表示对其依次进行扫描的过程,每个长方形中的小长条也被虚线串联,表示动作顺次进行的过程。这就好比我们用一个单筒望远镜望向远方,从望远镜中看到的景象是有限的,只有顺次移动望远镜,才可以看到连贯的景象。虽然每一瞬间看到的景象都只是一部分,但是人的大脑的记忆功能决定了能将依次看到的内容顺次串联起来,即由前一个景象激活下一个景象。

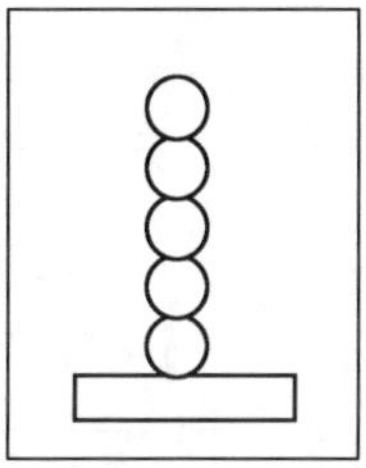

图 3-2　总体扫描

图 3-2 表示这是一个总体扫描的过程。长方形中的每个小圆形叠加在小长条上,表现出一种累加的方式,这些小圆形表示的是一个构型中的不同方面,它们都与这一构型相关,它们在一个事件中被同时激活,构成一个认知的整体。这就好比我们用广角相机所拍下的一幅全景图,将用单筒望远镜顺次移动所看到的景物一次性地作为一个整体景象呈现出来。

通过上文的分析,我们了解到 A 式否定句和 B 式否定句均可进入的谓语允准条件是言说动词带言说宾语、形式动词 + O_V、存现动词 + O_N/O_V。“对”字句的 A 式和 B 式否定式正好体现了这两种不同的心理扫描方式:A 式呈现为总体扫描,B 式呈现为次第扫描。例如:

a. 我不对别人讲这件事。——我对别人不讲这件事。

b. 球迷不对这场比赛抱有希望。——球迷对这场比赛不抱有希望。

c. 我们不对这种现象进行分析。——我们对这种现象不进行分析。

a 组中 VP 由言说类动词带宾语构成;b 组中 VP 由存现动词带 O_V 构成;c 组中 VP 由形式动词带 O_V 构成。那么,说话者基于何种心理扫描方式来选择使用哪种否定形式呢?我们尝试运用图示进行说明。

图 3－3　扫描方式对比图（一）

如图 3－3 所示，a 组中的 A 式和 B 式两种否定形式，前者可分解为“不对别人”和“不讲这件事”，这体现了总体扫描是累加式地激活各组成成分的，因此“不”的否定分别进行了累加处理；后者不可分解，只能按照语序理解为“不讲→这件事”，这体现了次第扫描的非累加性，只是顺次呈现出否定的内容。上文中我们谈到当“对”介引言说对象时，使用 B 式时多要带上宾语，这也是因为次第扫描的激活方式决定了单一动词的表述过于简单，不能提供更全面的信息，以激活听话人的全面识解。当说话人运用不同的认知思维方式进行信息加工时，就会受到认知扫描方式的影响，从而在话语形式上激活不同的表达方式。

图 3－4　扫描方式对比图（二）

图 3－4 表示的是 b 组中的 A 式和 B 式两种否定方式，前者可以分解为“不对这场比赛”和“不抱有希望”，这体现了总体扫描累加式地激活两个组成成分，“不”的否定义也进行了累加处理；后者不可分解，需要按照语序依次进行理解：“不抱有→希望”，这体现了次第扫描是具有非累加性的，只是按照次序呈现出否定的内容。

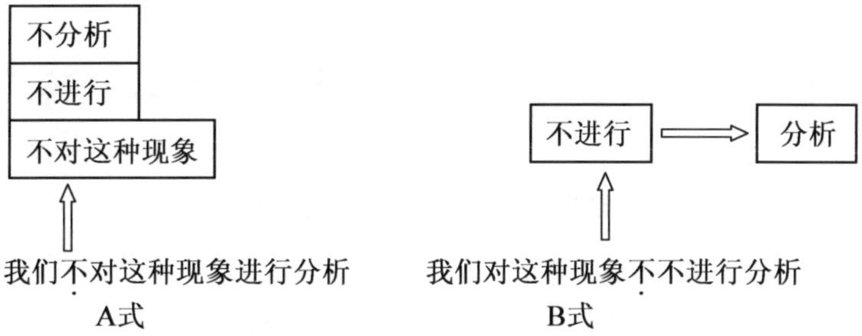

图 3－5　扫描方式对比图(三)

与图 3－3、图 3－4 相比,图 3－5 表示的 c 组的谓语 VP 更为复杂与特殊,由于“进行”类形式动词词汇意义虚化,其宾语具有动作性,与介词宾语构成意念上的受事关系。否定形式 A 更易体现出总体扫描的累加性特征,因为形式动词“进行”所带的 O_V“分析”与 NP“这种现象”之间存在隐性受事关系,所以,“不”的否定对象也包括带有动作性的 O_V,从而形成了[“这种现象”＋“进行”＋“分析”]的三重累加总体扫描;而否定形式 B 则不存在累加性,是按次序顺次进行的动作,因此,呈现出的是一种顺次扫描的过程:“不进行→分析”。

通过以上实例分析,我们可以将“对”字句的两种否定形式的扫描方式进行概括,如图 3－6 所示。

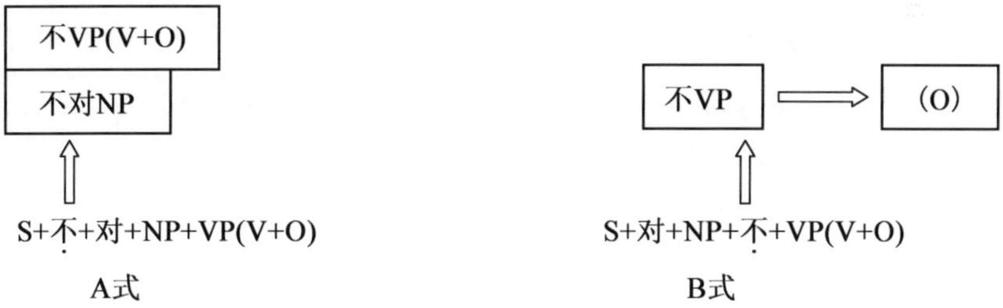

图 3－6　扫描方式对比总结图

图 3－6 左边为否定式 A 呈现出的总体扫描,[“不对 NP”＋“不 VP(V＋O)”];右边是否定式 B 呈现出的次第扫描,“不 VP→(O)”。这两种扫描方式的确认有助于我们更好地解读话语的否定信息内容,辨识说话者的认知思维方式,有易于交互信息的准确识解。

第二节　否定式 A 或否定式 B 单式选择型

石毓智(2001)曾主要分析了各类句法构造肯定形式和否定形式之间的对称与不对称。实际上,如果一种语义关系的表达可以有词语序位不同的两种肯定形式或两种否定形式,那么,两种肯定形式之间存在对称与不对称的问题,两种否定形式之间也存在对称与不对称的问题。在“对”字句的两种否定形式的考察中,我们注意到,二者之间就存在对称与不对称的情况。我们已经论述过双式允准型否定,即对称使用的情况,下面我们来看单式选择型否定,即不对称使用的情况。

一、A 式“X＋**不**＋**对**＋Y＋Z”

A 式的使用主要受到句法、语义和语音上的一些限制,所以不能出现 B 式的转换形式。

(一)句法限制型

“Z”为言说动词“说、讲”等,不带宾语时,只能有 A 式否定句。例如:

(9)他自己的事不对别人讲。(老舍《牺牲》)

＊(9′)他自己的事对别人不讲。

(10)康伟业把怨言放在心里,从来不对人说。(池莉《来来往往》)

＊(10′)康伟业把怨言放在心里,从来对人不说。

使用 A 式否定的是“对”介引的对象,强调的是“说/讲”的动作不发生;如果使用 B 式,否定的是动作“说/讲”及其内容,因此,“说”的后面没有宾语,会给人一种话没说完的感觉。所以,受句法限制,在言说类动词不带宾语的情况下,一般不使用 B 式。另外,例(10)中的副词“从来”,也对句法有一定的限制作用,即使言说类动词带宾语,也只能进入 A 式否定句。例如:

(11)因为他这个人从来不对家人谈个人的一些情况,天天向我谈的都是国际国内新人新事。(陈大银《访寻郭小川遗作》)

＊(11′)他这个人从来对家人不谈个人的一些情况……

(12)李忆琴从不对别人诉说不幸，她爱面子，也怕别人管不了张文勇，自己反遭其害。(CCL 语料库)

*(12′)李忆琴从对别人不诉说不幸……

例(11)中的言说动词“谈”带有表示言说内容的宾语“个人的一些情况”，但是由于副词“从来”位于“不对”之前，所以转换为 B 式的例(11′)是不成立的。例(12)中的言说动词“诉说”带有表示言说内容的宾语“不幸”，但是由于副词“从”位于“不对”前，所以不能转换为 B 式否定句，即例(12′)是不成立的。

A 式否定句中受到副词“从”“从来”等的限制，即使在非现实语境中，也不可以转换为 B 式。但是言说动词带宾语的限制，并不是绝对化的，在非现实句中，则可以不受这种句法限制，B 式中的言说类动词也可以有不带宾语的情况。例如：

(13)对谁也不准说！(陈建功、赵大年《皇城根》)

(14)他对信得过的人什么都说，对信不过的人什么都不说。(王小波《沉默的大多数》)

例(13)是祈使句，表示一种命令语气，而且介词“对”的宾语由疑问代词充当，在此表示任指，具有周遍义。例(14)为对举句式。可见，在祈使句或对举句式中，“对……不”句是可以有这种用法的。

(二)语义限制型

“Z”为四字格固定语[①]，都具有动词性质，但是受到语义完足性的限制，不能再带宾语，由介词将宾语提前引出。“对”在此表示涉及，即“$对_2$”。例如：

(15)他称赞中国是发展中国家的榜样，不对别国的内政指手画脚。(CCL 语料库)

?(15′)他称赞中国是发展中国家的榜样，对别国的内政不指手画脚。

(16)这以后，他和王蒙、邓友梅、从维熙等同志，凡集会就拉上我，从不对我另眼看待。(浩然《刘绍棠走了》)

---

① 我们这里所说的“四字格固定语”既包括四字成语，也包括其他固定语，其共同特点是都具有动词性特征。

＊(16′)……从对我不另眼看待。

(17)我们做了我们应该做的事,我们也从来不对别的申办城市说三道四,我们这样做正好说明我们的决心和信心,说明我们是一贯按照奥林匹克精神办事的。(CCL 语料库)

＊(17′)我们做了我们应该做的事,我们也从来对别的申办城市不说三道四……

(18)他自己认为是学贾宝玉,宝玉向来不对林妹妹动手动脚,看来吴先生是一位“可欺以其方”的君子了。(CCL 语料库)

＊(18′)……宝玉向来对林妹妹不动手动脚……

(19)他直言不讳地指出,被称作当代“网球巨星”的皮特·桑普拉斯尽管球打得好,但网球迷们从不对他顶礼膜拜。(CCL 语料库)

＊(19′)……网球迷们从对他不顶礼膜拜。

由于四字格固定语特别是四字格成语意义都具有一定的整体性,不容易被替换为意义接近的双音节词语,因此,其使用上也会受到一定的限制。与肯定性“对”字句相比,能出现在否定性“对”字句中的四字格固定语数量较少,而且只有 A 式否定形式一种情况。我们对 CCL 语料库进行检索,没有找到例(15)至例(19)中四字格词语在 B 式中出现的语例。我们认为,由于四字格固定语表义固定,语法使用上也不那么自由,宾语由介词“对”提前介引,所以在否定时,也将否定词加在介词“对”之前。由于四字格固定语在否定句中出现的数量少,其语义表达也不容易归纳出类似于言说、施为、存现等,因此,我们不对其语义特征进行概括。另外,这些否定句在使用时,经常配合副词“从”“从来”“向来”等,也从语义语法上限制了其转换为 B 式的可能。

(三)语音限制型

某些形式动词,如予以、加以等,一般只能在 A 式否定句中使用,在 B 式否定句中出现时可接受性低。例如:

(20)我总是和主人公站在同一条线上,不对他们加以评判,如果撇开社会地位,人的基本感情都是一样的。每个人心中都有渴望,都受限制,都有无奈。(CCL 语料库)

？(20′)我总是和主人公站在同一条线上，对他们不加以评判……

(21)美国要求加拿大方面释放被其扣留在纽芬兰岛的两艘美国渔船，并要求不对船上人员予以罚款和其他处罚。(CCL 语料库)

？(21′)……对船上人员不予以罚款和其他处罚。

如果减少音节，则可以增强 B 式的可接受性。例如：

(22a)他不对这个问题加以分析。

？(22b)他对这个问题不加以分析。

(22c)他对这个问题不加分析。

例(22a)采用 A 式否定句，属于形式动词"对"字句的自由形式。而(22b)与(22c)对比而言，从语音和谐的角度来看，(22c)更易被接受。所以，有时是因为受到语音上的限制，而决定了选择哪种否定式。

二、B 式"X + 对 + Y + 不 + Z"

能否被允准以 B 式否定句的形式出现，主要由"Z"部分的词类决定，因此，我们主要着眼于"Z"的使用情况来进行分析。此时，"$对_2$"介引评判的对象，"$对_3$"介引感知或评价的对象。与 A 式相比，B 式的语料数量更多①，能够被允准的"Z"部分的类型也更丰富，不但有判断动词带宾语、心理活动和感知类的动词，还有情感态度和认知评价类的形容词。

(一)　VP——判断动词 + O

判断动词是动词词类中使用范围广、使用频率高的一类词语。当"Z"为"判断动词 + O"、"$对_2$"介引评判对象时，只能在 B 式出现。例如：

(23)这对病人和家属不是一件坏事。——＊这不对病人和家属是一件坏事。

(24)供孩子上大学，对他不是一个沉重的负担。——＊供孩子上大学，不对他是一个沉重的负担。

① 我们尝试在 CCL 语料库选择"当代"库中的"文学"库，然后选择其中的"大陆作家"库，检索到"不对……"语料 1 900 条左右，而"对……不"(选择两词中间间隔 6 字之内)语料则有 7 800 左右。可见数量相差较大。

"不"与判断动词"是"之间的结合比较紧密，不能在其中插入介词"对"介引的介词结构，因此，不能将否定词"不"移置介词前。即使在虚拟句中也不能这样使用。

沈家煊（1993）将"距离象似"定义为：认知或概念上相接近的实体，其语言形式在时间和空间上也相接近，就是说，概念之间的距离跟语言成分之间的距离相对应。换句话说，在语言里，语义上有关联的内容要尽可能地靠近，它们在句子中的线性距离也尽可能地靠近。这一原则在否定性"对"字句中也有所体现。表示判断的动词"是"体现了人们的一种主观判断，更倾向于把否定与主观判断联系在一起，因此，在形式上也要选用"对……不是＋O"。例如，只能说"这对你不是一件坏事"，不能说"这不对你是一件坏事"。同理，表示心理感知的 VP 和表示情感态度的 AP，在语义上，人们更倾向于把这种否定直接与心理活动或感情联系在一起，因此，在形式上，将"不"放在 VP 或 AP 的前面，而不是介词"对"的前面，即选择 B 式否定句。

（二）VP——心理活动或感知类动词

常见的能够进入 B 式的心理活动动词有喜欢、关心、理睬、害怕、畏惧、相信、信服、信任、憎恨、记恨、后悔、放心、尊重、介意、怀疑、想念等。感知类动词有了解、理解、熟悉、精通、感兴趣等。"$对_3$"介引心理感知的对象。例如：

（25）他对我不关心。——＊他不对我关心。

（26）我对你的做法不理解。——＊我不对你的做法理解。

（27）孩子们对电脑不感兴趣。——＊孩子们不对电脑感兴趣。

在现实句中，表示心理活动或感知类的 VP 只能在 B 式否定句中出现，可以自由运用。在例（25）至例（27）中，都不能将 B 式否定句转换为 A 式否定句。但是，在非现实句中，如一些虚拟句或者有条件限制的句式中，特别是在句子中使用的是表心理活动的动词短语时，如抱期望、抱希望、感到荣幸、感到敬佩等，我们便可以使用 A 式否定句。例如：

（28）她既然已经不对自己的园艺事业抱什么希望，所以就有了闲情逸致。（张炜《柏慧》）

（29）想到这些，我们又怎能不对这位世界明星感到由衷的敬佩？（CCL 语

料库)

(30)因此,他怎能不对中国副总理的来访感到万分荣幸呢?(CCL 语料库)

例(28)中的“什么”是疑问代词表示任指的用法,去掉疑问代词后,此句就不能成立,必须使用 B 式否定句才可以。所以,“什么”是使此句能够成立的一种条件。例(29)和例(30)都是反问句,属于虚拟句,因为反问句的否定形式表达肯定意义,所以这两句其实表达的是“对这位世界明星感到由衷的敬佩”“对中国副总理的来访感到万分荣幸”,因此可以成立。我们认为,反问句是它们被允准使用 A 式的前提条件。在现实句中,必须要使用 B 式否定句。

(27′)孩子们不对计算机感兴趣,只对跳舞感兴趣。

在例(27′)中,前一分句单说时不能成立,后一分句单说时可以成立,而两个分句组合在一起时,这句话是可以成立的,这正是陈一(2006)所提出的“偏依性对举”句式。陈一指出:所谓“偏依性对举”是指“两对举项中有一个能够独立,一个不能独立而要依附于对方”的对举形式。我们认为,偏依性对举形式是“感兴趣”这类表示感知类的 VP 进入 A 式否定句的允准条件。

张伯江、方梅(1996)认为,在汉语中,除了语音手段,还可以通过语序变化造成句子语义成分的超常配位,使被强调的成分处于非常规的位置上。我们认为,“不”在例(27′)中就是处于非常规的位置上,其作用是强调介词宾语“计算机”与后一分句的“跳舞”之间的对比关系。

沈家煊(1993)将“顺序象似”定义为:句法成分的排列顺序映照它们所表达的实际状态或事件发生的先后顺序。Givón(1990)还认为,词序较特殊的句子,如将对比成分、疑问成分、强调成分置于句首,也是遵循“将说话人急于表达的、对听话人而言预测度较低的信息首先说出”的顺序象似原则。我们在本书中所提到的这些对举句式,正是符合了这条顺序象似原则,将说话人认为重要的内容,希望强调表达的内容提到前面,首先说出。例如,例(27′)就是为了强调孩子们不感兴趣的对象——计算机,而将否定词“不”提前,映照了说话人急于表达的内容。

另外,副词“并”“都”等的使用也对 B 式起到一定的句法限制,使其不能转

换为 A 式,即使在非现实句中,也不被允准。例如:

(31)我的同学对螺蛳并不喜欢。(余华《在细雨中呼喊》)

*(31′)我的同学不对螺蛳并喜欢。

(32)当她单独会见这个共产党员时,她竟然以身相许,虽然她对他这几年的情况并不了解。(曾卓《文学长短录》)

*(32′)……她不对他这几年的情况并了解。

(33)我对我所做过的一切都不后悔。(韩春旭《背对命运的独白》)

*(33′)我不对我所做过的一切都后悔。

例(31)中的“喜欢”为心理活动动词,例(32)中的“了解”为感知动词,它们的共同点是句中否定词“不”前带有副词“并”,起到加强语气的作用,不能转换为 A 式。例(33)中的“后悔”为心理活动动词,否定词“不”前带有范围副词“都”,也限制了 A 式转换的可能性。

但是这些心理活动或感知类 VP 可以出现在“不 + VP + NP”结构中。上述例句大多可以转换为:

(31″)我的同学并不喜欢螺蛳。

(32″)她并不了解他这几年的情况。

(33″)我不后悔我所做过的一切。

但是,当 VP 不能带指人宾语时,则不能进行这样的转换。例如:

(34)高校长虽然是鸿渐订婚的证人,对他并不满意。(钱钟书《围城》)

*(34′)高校长虽然是鸿渐订婚的证人,并不满意他。

这时,就必须使用“$对_3$”介引心理动词“满意”的对象。我们可以进行对比:

a 我对他的工作很满意。——a′我很满意他的工作。

b 我对他的工作不满意。——b′我不满意他的工作。

c 我对他很满意。——*c′我很满意他。

d 我对他不满意。——*d′我不满意他。

我们可以看到,在 a 句和 b 句中,“满意”的宾语为“他的工作”,具有[-人]的语义特征,可以变换为 a′和 b′句;而在 c 句和 d 句中,“满意”的宾语为人称代词“他”,具有[+人]的语义特征,不可以变换为 c′和 d′。因此,对于像

“满意”这类不能带指人宾语的心理动词，就必须使用介词“对”将其指人宾语提前到介词宾语的位置，才能使句子成立，即进入“对”字句是其成立的必要条件。

但是，在受到某些句式限制时，则不能进行这样的转换。例如：

(35)他似乎对这个城市，至少是对这条大街并不熟悉。(张贤亮《浪漫的黑炮》)

*(35′)他似乎对这个城市，至少是并不熟悉这条大街。

(36)他对什么也不精通，可是什么也爱动一动。(老舍《黑白李》)

*(36′)他也不精通什么，可是什么也爱动一动。

在例(35)中，由于前句存在“对这个城市”这样的介词结构，从而限定了后句也要使用“对”字句。例(36)由于使用对举句式，而限制了这种句式转换的可能性，“什么”在前一个分句中由介词“对”介引提前，实际上是“精通”的隐性受事；在后一分句中也被提到谓语前，成为施事话题句[①]，实际上是谓语“动一动”的隐性受事，因此如果只把前一分句改为“不＋VP＋NP”句式，与后一分句在形式上就会出现差异，导致此句不能成立。排除这种对举句式的影响，这些感知类动词本身都可以进行这种句式变换。

(三)AP——情感态度或认知评价类形容词

常见的能够进入B式否定句的情感态度类AP有好、乐观、悲观、友好、友善、客气、和气、耐烦、敬重、崇敬、亲热、热心、恭敬、积极、始终如一、平等、严肃、生疏、陌生、偏激、恼火、宽容、知趣、讲理、和善、忠实、真诚、刻薄、马虎、挑剔、厉害、残酷、尖酸刻薄等。其中，“好”的使用频率最高，运用也最灵活。

(37)我的丈夫对我不好。(毕淑敏《女人之约》)

(38)他说他知道，那对孩子的眼睛不好。(陈建功、赵大年《皇城根》)

(39)陈北燕十分不耐烦地结束治疗，对病人态度一点也不好。(王朔《看上去很美》)

---

① 我们将施受句的受事宾语移位到谓语动词前、施事主语后的句子称为施事话题句，如“小张这本书看完了”。参见施春宏(2004)。

(40)曲强仍对他印象不好。(王朔《枉然不供》)

(41)这对解决和尚的事不好。(田中禾《最后一场秋雨》)

"好"是"对……不"句中最常用的AP,在以上几例中,"好"的语义都指向介词宾语,"好"作为一种态度,可以指向人、指向人身体的一部分、指向对人的态度或印象,同时也可以指向某事。所以"好"在B式否定句中时,介词"对"所介引的"Y"部分适应能力较强,内容较丰富。我们再来看看其他情感态度类AP在B式否定句中的使用情况:

(42)一进门,我礼貌地叫了阿姨(昊天爸爸不在家),昊天妈妈对我很不客气,只冷冷地点了点头,然后便让昊天先去别的房间,她要单独跟我谈一谈。(CCL语料库)

(43)姑母对灶王的态度并不十分严肃。(老舍《正红旗下》)

(44)那也不好,对人一点都不真诚。(王朔《顽主》)

(45)她已经是曹元朗的人了,要梦见我就是对她丈夫不忠实。(钱钟书《围城》)

(46)我是一个对女性不太挑剔的人,可是你真是让我恶心了。(王朔《谁比谁傻多少》)

以上例句中的"对"表示"对待"义,介引出AP这种感情或态度指向的对象。"对"字结构在句中可以充当谓语,如例(42)、(43)、(44);可以充当宾语,如例(45);还可以充当定语,如例(46)。同时,介词宾语既可以是专指,也可以是泛指,例(44)就是泛指。另外,"客气"除了表示态度,其在"对"字句中的否定形式还具有转喻功能,如在"你再偷看,我就对你不客气了!"一句中,"不客气"已经从态度转喻为"做不客气的事",进而表示一种警告。由于"不客气"的这一功能只有在"对"字句中才能实现,因此我们将单独进行"对……不客气"的个案研究。详见第五章第三节。

常见的能够进入B式否定句的认知评价类AP有适合、适用、公正、公平、神秘、重要、合适、方便、正确、全面、深入、深刻等。例如:

(47)这样的一生对红拂很不适合。(王小波《红拂夜奔》)

(48)这个结局对我一点也不神秘。(张炜《柏慧》)

(49)当然这件事的真相现在确实变得对任何人都不重要了,他们如果活着也许早把此事忘了。(王朔《动物凶猛》)

在以上几例中,AP 的语义指向主语,都是对主语做出的评价。“适合”的是“这样的一生”,“神秘”的是“这个结局”,“重要”的是“这件事的真相”。此时,主语都具有[-人][-有生]的语义特征。“$对_3$”介引出这种评价所限定的范围或主体。

(50)小王对这件事的看法不正确。

(51)作者对生活的认识还不那样深刻。(曾卓《诗人的两翼》)

在这两例中,AP 的语义指向介词“对”的宾语中心词,是对介词宾语的评价。“正确”的是“看法”,“深刻”的是“认识”。此时,句子的主语都是指人名词。“对”引出 AP 的评价对象。

通过以上描写,我们发现可以进入 B 式否定句的“Z”部分的各类词语,与 A 式相比,要丰富许多。在现实句中,这类情感态度或认知评价类 AP 只被允准进入 B 式否定句,原因同上。如果使用虚拟句,则可以出现在 A 式否定句中。

石毓智(2001)曾使用介词“对”的例子来说明这一点。例如:

a. 他们对我不好,所以我很生气。(现实)

b. 他们不对我好,我就不理他们。(假设)

c. 你怎么不对他好点儿呢? 这不,把人家给气走了。(疑问)

d. 你叫我对他好,我偏不对他好。(意愿)

石毓智提出了在句型“代+X+对+代+Y+形(动)”中,否定词出现在 X 位置时,一般是表示条件、意愿等虚拟情况;否定词出现在 Y 的位置时,一般是表示现实情况。陈一(2005)认为,假设句不只“他们不对我好,……”一种形式,也可以采用“他们对我不好,……”形式。也就是说,现实句容许一种同现序列,假设句则容许两种同现序列。

我们认为,当否定词出现在 Y 位置时,即用 B 式否定句时,可以将其看作是无标记的;而当否定词出现在 X 位置时,即用 A 式否定句时,则需要虚拟句作为条件才能成立。我们通过对语料进行检索与分析,发现有这样几种允准进入 A 式否定句的情况:

1. 使用“对＋M＋AP＋不对＋N＋AP”的对举句式

例如：

(52)我想也是，有了孩子你就会对孩子好不对我好了。(王朔《过把瘾就死》)

(53)如果跟我结婚的那个人光对我好，不对你好，妈妈是受不了的。(CCL语料库)

(54)这类国家的政府由议会中拥有多数议席的政党或政党联盟组成，政府对议会负责而不对总统负责。(CCL语料库)

例(52)是典型的对举句式，例(53)不但使用了对举句式，还伴随着“如果”类假设关系，例(54)在使用对举句式的同时，带有转折的含义。

有时，只出现“不对……AP”的形式，“对……AP”的意义隐含在句子中。例如：

(55)同时也使某些厂长经理往往向上负责，不对企业效益负责，在这个企业经营不下去了到另一个地方照样做领导。(CCL语料库)

(56)A：他现在不对我好了。

B：那对谁好？孩子吗？

在例(55)中，由于“向上负责”中的“向”与“对”同义，所以相当于“对……AP”。例(56)是一组对话，B由A的话语及相关背景知识(如对A的家庭情况很了解)推知预设为“对孩子好”，因此也已经隐含了“对……AP”，将对话内容关联起来之后，可变换为“他现在不对我好了，对孩子好。”可见，当句子中含有“向、朝”等与“对”同义的介词，或前项不出现，但可以由后项推知其预设时，“不对……AP”句就可以成立。

有时，由于前一分句有“不＋V”的结构，要求后一分句中使用“不＋对”与其形成结构的一致性。例如：

(57)在谴责某些明星不讲职业道德，不对观众负责的时候，新闻界某些从业人员也该严肃认真地反思一下自己。(CCL语料库)

此句中前一分句有“不＋讲”，要求后一分句中“不＋对”与其形成一种对举，共同作定语。因此，会出现“不对……AP”的形式。

对举句式体现的主要是形式上的要求，有时内部也伴随着假设等非现实范畴的作用，有时还需要语用预设共同作用来完成隐含对举的表达形式。

2. 用于假设句

(58) 庄浩敏不对三哥好，也不会对你好，傻瓜！（岑凯伦《蜜糖儿》）

此句中虽然没有出现表示假设关系的关联词语，但是可以从前后句的含义判断出来，并且可以予以补充：“（即使）庄浩敏……也不……”。

3. 用于反问句

(59) 不管怎样，与其在比赛场上哭鼻子，为何平时训练中不对自己更严格、严厉些？（CCL 语料库）

第三节　否定式 A 与否定式 B 并存原因的历时探讨

我们在第二章的第三节已经论述过介词“对”由介引言说对象、施为言说对象扩大到其他非言说对象的功能扩展过程和语法化程度逐步提高的过程。本节我们再来分析一下否定性“对”字句的形成过程及两种否定式并存的原因。

周芍、邵敬敏(2006)曾考察了介词“对”由动词“对”虚化来的路径，认为首先产生的是引进动作对象的介词“对”，然后是引进对待对象的介词“对”（即我们所说的引进感知评价的“对”）。周芍认为，当“对”字结构后接表示言说的动词时，则“对”还没有完全虚化。由此，我们可以推演出“对”字句否定形式的演变过程：动词“对”表示“回答”，虚化为介词后引出“回答的对象（言说对象）”，虚化的介词义由于与动词义同时存在，而且虚化程度不高，还带有一部分动词的特征，因此，在对句子进行否定时，还习惯性地按照动词的语法规则来执行，否定词倾向于放在介词前，即 A 式；而中间的过渡地带，则 A 式、B 式共存。但由于受到 A 式的影响更大，所以即使相同的 VP，A 式的表达形式可能也会比 B 式多一些。这就是上文中我们统计的形式动词句 A 式的使用频率高于 B 式的原因。“$对_1$”介引言说对象时，也是 A 式较多。继续演变后，出现的介词义虚化程度更高，更易于按照介词的语法规则使用，介词带所介引的对象宾语共同充当状语，否定词直接放在谓语 VP 之前，即 B 式。可见，介词“对”的虚化程度越高，否定形式越容易发生后移。

上述演变路径如图3－7所示。

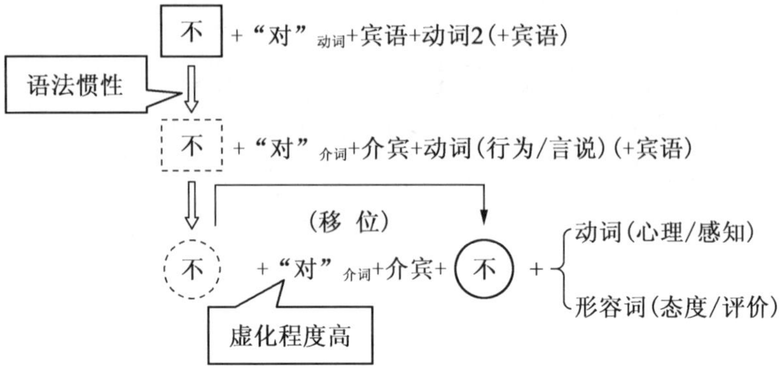

图3－7 "对"的演变路径

只有处于连动式"对NP＋VP"或"V＋对NP"中，且语义上"对NP"居于从属修饰地位时，"对"才可能被重新分析(reanalysis)为介词。[①] 如图3－7所示，当"对"为动词时，形成"对＋宾语＋动词2(＋宾语)"的连动式结构，对其否定时，否定词要位于动词"对"前。"对"的含义逐渐虚化，有一个阶段会是动词和介词功能并存[②]，"对"的功能既可分析为动词，也可分析为介引言说对象义的介词。因为"对NP"后出现了另一个言说动词，由它来承担主要言说义，"对NP"处于次要动词地位，这在语法化研究中一般称为过渡语境(bridging context)。[③] 再继续发展，"对"被重新分析为引出其后主要动词的言说对象的介词，"对"的介词义就正式产生了。据于进海(2005)的研究，《世说新语》是最早出现"对"的介词用法的古代文献。

---

① 详见张美霞、崔立斌(2014:29)。

② 语法化理论中的渐变(gradualness)原则强调，一个形式X的功能由A到B的演变通常是一个具有连续统性质的渐变过程，在这个过程中总会有一个可以观察到的过渡阶段(中间状态)AB的存在，即A＞AB＞B。而根据语法化的层次(layering)原则，X的上述三种状态往往会在一个语言的共时平面并存。参看Hopper(1991)，Lichtenberk(1991)，Hopper&Traugott(1993)，转引自吴福祥(2003:51)

③ 详见张美霞、崔立斌(2014:32)。

(60)日中不至,则是无信,对子骂父,则是无礼。(南朝 刘义庆《世说新语》于进海例)

例(60)就是“对”的介词用法。[①] 那么,受到语法惯性的影响,同时,也由于“对”虚化的意义还没有达到特别抽象的程度,所以否定词依然位于“对”之前,即A式。例如:

(61)自尔已来,与足下言面殆绝,非唯分张形迹,自然至此,脱枉一告,未常不对纸流涕,岂愿相诮于今哉。(南朝 萧子显《南齐书》)

(62)“人之多言,必以我为宴安。讫春不宴。”年少乘喜气赤春头,竟不对狎客持一杯酒,人以为难。(清 董诰等《全唐文》)

(63)圣人必不肯对人子说人父不善。(宋 朱熹《朱子语类》卷三一 张美霞例)

当“对”进一步虚化后,由于其抽象性增强,推动了否定词由“对”前移位至全句的谓语前,即B式。例如:

(64)李英一想:莫若我回常德义母家中,一来他母子对我的经历不明了,顺便这次说清,二来邀玉如协力帮助,岂不是一举两得,三全其美呐?(民国 常杰森《雍正剑侠图(上册)》)

(65)邓九公确实是不错,让你三招,你要再动手,手足之情绝了,我可对你不客气。(民国 常杰森《雍正剑侠图(下册)》)

因此,形成了目前“对”字句的两种否定形式并存的状态。

第四节　介词“对”、“Z”的语义特征和否定词之间的序位关联性

我们在第二章中曾对介词“对”的介引功能和能进入“Z”部分的VP、AP的关系进行了考察。在否定性“对”字句中,通过对A式否定句和B式否定句的

---

① 判断标准参见于进海(2005:63)。

描写[①]，我们发现：谓语 VP 的性质、否定词出现的位置和介词“对”的语法功能之间存在一种纵向的变化和横向的联系。因此，我们选取了比较有代表性的 VP 和 AP，建立了三者之间的联系，如图 3－8 所示。

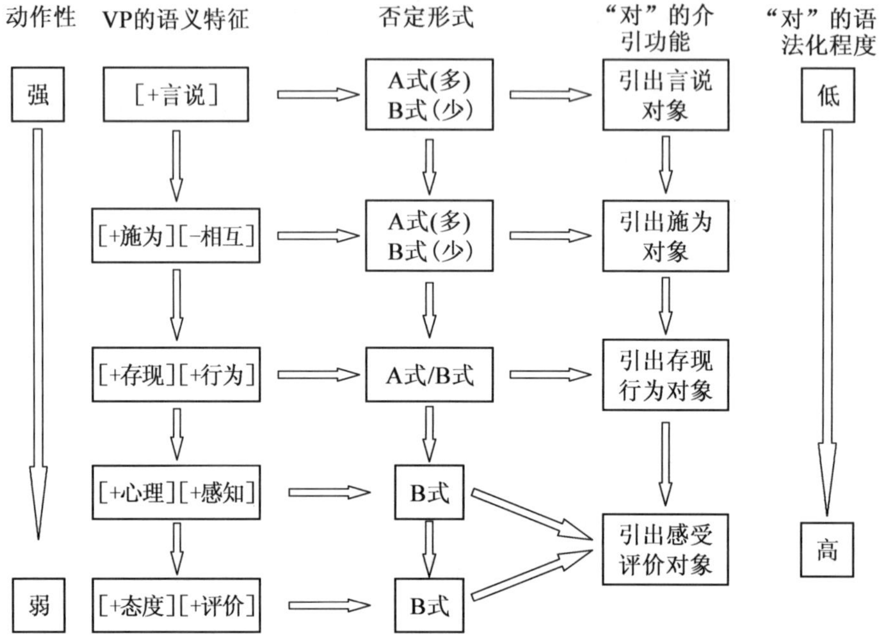

图 3－8　“对”字句序位关系图

从横向来看，当 VP 具有［＋言说］的语义特征时，否定形式既有 A 式也有 B 式，但是 A 式多 B 式少；当 VP 具有［＋施为］［－相互］的语义特征时，否定形式也是 A 式多 B 式少；当 VP 具有［＋存现］［＋行为］的语义特征时，A 式和 B 式均可；当 VP 具有［＋心理］［＋感知］和［＋态度］［＋评价］的语义特征时，否定形式只有 B 式。从纵向来看，随着 VP 的动作性由强变弱[②]，“对”的语义虚化程度越来越高，句中的否定词位置也相应地发生移位，否定词“不”由位于介词

① 以上描写指在“现实”范畴下的考察，因为如果一种语言现象只能在“非现实”的条件下成立，必然不是典型或者常规性的情况。

② 我们这里所说的变化，强调的是谓语 VP 内部呈现出的动作性强弱的特征，不是指其发生了历时演变，因此，并不表示其在现代汉语中的使用有先后顺序。

“对”前面,即A式,逐渐过渡到两种否定位置同时存在,即A式和B式同时存在,再过渡到位于VP前面,即B式。结合第二章中介绍的介词“对”的功能演变与“Z”部分的内部关联性可知,随着介词“对”的功能逐渐扩大,能够介引的词类从言说动词发展到形容词,说明“对”的语法化程度在逐渐提高。根据“对”的演变过程可知,否定词在“对”字句中的位置是由介词前移到VP前的,所以VP的动词性越弱,“对”的介引功能越广,“对”的语法化程度越高,否定词越容易后移到谓语前。而中间地带,则两种否定形式兼有。

第五节　A式否定句与B式否定句的语义、语用功能比较

一、语义功能建构

否定式A和否定式B体现了“对”字句否定形式的两种不同的编码方式。不同的编码方式一方面同句式所表达的事件内容有关,另一方面也与事件的识解方式有关。首先对事件进行识解,进而采取恰当的编码方式,形成事件的外化表达。Langacker(1991)指出,一个语言结构体现规约性意象(imagery),从而把某种识解加在它所编码的事件上。① 我们认为,“规约性意象”体现的是一种社会群体主观性,对于事件内容,决定选择哪种方式进行识解与编码。所以,句式义体现的就是对其识解后采用相对固定的编码方式所产生的概念语义。

沈家煊(1999)认为,一个句式是一个“完形”(gestalt),即一个整体结构。只有把握句式的整体意义,才能解释许多分小类未能解释的语法现象,才能对许多对应的语法现象做出相应的解释。张伯江(2000)指出,从句式语法(construction grammar)的观点来看,句式的语义不是完全能从组成成分及已有句式的语义自然推导出来的,句式的意义既不是其组成成分意义的简单加合,也不是能从其他结构推导出来的。

① 转引自席留生(2014:43),原文见Langacker(1991:294)。

我们认为，这两种否定性“对”字句也存在各自不同的句式义。A 式否定句，即“不对……”句，从整体上看，表示针对、朝、向某一对象不做某一动作，表现为一种意志，由于介词“对”虚化程度不高，“对”介引言说对象时，“说、讲”等言说行为发生时多面向着言说对象，因此“对”还伴随着一定的方向性，并且全句以叙述为主，是叙述性与方向性的整合；B 式否定句，即“对……不”句，则表示对待某一对象的内心感受、感知程度、感情态度等，表现为一种对待关系，全句主要体现为评议和判断，是评议性和判断性的整合。同时，A 式否定句往往表现为一种平实的表述，而 B 式否定句往往表达出一种强烈的感情，因此，在现实句中，对于心理认知、感情态度的识解，都会选择 B 式否定句进行编码。可见，当我们从整体上把握“对”字句的否定形式时，就可以清晰地看出它们句式义方面的不同点。

而两种否定性“对”字句的不同句式义的形成，与识解方式不同有着很大的关系。识解在语义和语法结构中起着重要的作用，根据 Langacker(1987)的观点，识解有不同的维度，包括详细度、背景、视角、范围和凸显。上文中我们运用心理扫描方式解释了并存型 A 式否定句与 B 式否定句的差异，如果说扫描方式反映的是说话者的认知思维方式，那么凸显(prominence)则体现了对话语形式的解读。凸显是突出基体或范围里的次结构的一种手段。凸显的结果是侧面(profile)。在表达式所唤起的概念内容中，表达式把注意指向某个次结构，该次结构就是侧面。①

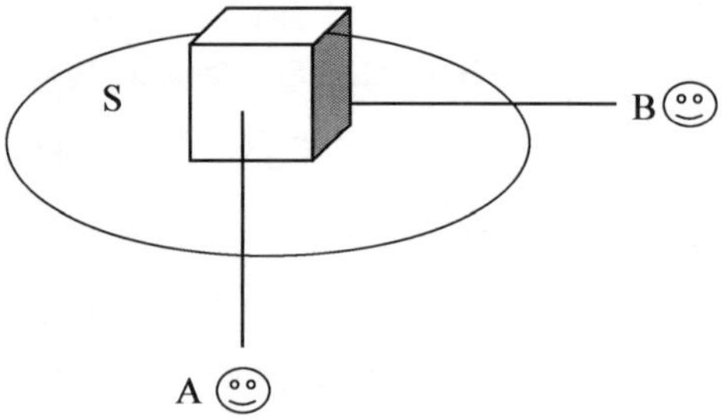

图 3－9　凸显方式

① 参见席留生(2014:45)。

在图 3 –9 中,S 表示舞台(stage),放置在舞台上的正方体,对于台下的观众来说,从 A、B 不同的角度,看到的是不同的侧面。把正方体看作概念基体(conceptual base),通过不同的表达方式(A、B),使观察者的注意力指向特定的次结构,从而形成不同的侧面。“两个或多个表达式激活了同一概念内容,但因凸显这一基体的不同次结构而造就了不同的意义。”①

如果我们把“对”字句的肯定形式看作是概念基体,那么,A 式和 B 式的不同否定形式则作为不同的表达式侧显了同一基体中的不同次结构。A 式中的“对”介引言说对象或主动施为言说行为及其他行为,侧显主观意愿,表现为一种意志,全句表现出叙述性和方向性;B 式中的“对”介引感知或评价的对象,VP 表示某一对象的内心感受、感知程度、感情态度等,侧显客观评价,表现为一种态度,全句表现出评议性和判断性。

二、语用功能比较

(一)否定范围

吕叔湘(1985)曾指出:“不”或“没”的否定范围是“不”或“没”以后的全部词语。那么,在否定性“对”字句中,A 式否定句的否定范围就应该是介词“对”以后的内容,包括介词宾语和中心项;而 B 式否定句的否定范围则应该只是“Z”部分的 VP 或 AP,不包括介词宾语。但是,我们发现,这只是一种理想的无标记的情况,在 B 式否定句中并不完全适用。

沈开木(1984)认为,当一个短语不是主谓短语的时候,一般“不”字的否定范围在“不”字后面,常常是从“不”后面那个词开始,到动词的宾语为止,即到逻辑宾语为止。例如,“不在他面前说笑话”中“不”的否定范围从“在”字到“笑话”。当逻辑宾语以介词宾语的姿态出现时,“不”字的否定范围便一直到介词宾语。例如,在“对他不关心”中,介词宾语“他”属于“不”字的否定范围。袁毓林(2000)认为,只要否定动作,就可以否定包含这个动作的事件。正因为主要动词对其各从属成分有控制作用,所以即使是位于否定词前的成分也能被否定

① 参见兰艾克(2016:96-130)。

词否定。

我们认为，B 式否定句中也存在类似的情况。当“Z”为言说类 VP、“形式动词＋O_V”时，否定的范围是否定词“不”之后的全部词语；当中心项为心理感知类 VP 或者感情态度类、评价类 AP 时，否定的范围不仅包括否定词“不”之后的成分，还包括介词“对”的宾语。例如，在“我对他不说这件事”这个句子中，否定的范围是“说这件事”；而在“我对这本书不感兴趣”这个句子中，“不”否定了谓语“感兴趣”，同时也否定了“感兴趣”的对象“这本书”。可见，在 B 式否定句中，否定的范围并不总是否定词之后的全部词语，有时也包括介词宾语部分。所以，A 式否定句和 B 式否定句的否定范围并不完全相同。

（二）否定焦点

“焦点－背景”（Figuer－Ground）理论是认知语言学中以凸显原则（Prominence）为基础的一种理论，来自完形心理学（格式塔心理学）的研究。[①] Langacker 把焦点放在“视角”（perspective）的理论框架中，将其与“背景”相对，定义为：主观上来讲，一个情景中的“焦点”是一个次结构，在被感知时，它相对于情景的其余部分（背景）更“突出”，被给予特殊的显著性，成为中心实体，情景围绕“焦点”组织起来，并为它提供一个环境。[②] 那么，否定焦点就应该是句子被否定后最突出的部分，而句子中的其他内容则为背景。我们认为，在否定性“对”字句中，A 式和 B 式的否定焦点可以分为自然焦点和对比焦点两种情况。在“双式允准型”否定中，A 式和 B 式的自然焦点均为否定词后的内容，如“他不对我讲真话”中否定焦点为“对我”，而“他对我不讲真话”中否定焦点为“讲真话”。在“单式选择型”否定中，自然焦点也体现为否定词后的内容：A 式中的否定焦点为言说动作及其内容、施为动作及其内容、存现行为及其内容；B 式中的否定焦点为心理感知或态度评价的内容。但是当否定性“对”字句处于对举结构时，受到句式前后分句的影响，否定焦点也会随对比的内容进行移动。例如：

a 他对女朋友不好。

---

① 吴为善（2011：181）。

② Langacker（1987：120），转引自吴为善（2011：183）。

b 自从他妈妈来了之后，他就只对妈妈好，对女朋友不好了。

a 句中，否定焦点为否定词后的内容“好”，是对“他”的行为或态度做出的评价。b 句中，出现了“对 A 好，对 B 不好”的对举结构，使得 A 与 B 形成一种对比关系，因此，否定的焦点就前移到 B，变为“对女朋友”了。正如 Talmy（2000）所总结的：“焦点”是一个移动的或概念上可移动的实体，它的路径、位置或方向被认为是一个变量，相关的问题就是这个变量的具体的值。“背景”是一个参照实体，它有一个相对于参照框架静止的场景，焦点的位置、路径和方向可以通过这个框架来描述。[①] 那么，我们可以将对举结构理解为背景扩大化，由于背景信息量增大，并且增加了对比信息，导致焦点移位，此时，自然焦点与对比焦点不同。

第六节　否定性“对”字句中的现实与非现实

我们在论述 A 式选择型和 B 式选择型否定句时，提到过通过假设、条件、对举、反问、意志等手段所实现的 A 式与 B 式的转换。除了对举是通过形式手段反映意义关联，其他手段都可以直接归为非现实条件。

石毓智（2001）和李双剑、陈振宇（2018）都指出当“对”字句的谓语 VP 为形容词（动词）时，如果在非现实条件下，就可以改变否定词的位置，使 B 式变为 A 式。[②] 这样的描述符合语言事实，但尚需做进一步阐释。

我们认为，“对”字句的两种否定形式，特别是当 VP 为心理感知类动词、态

---

① Talmy（2000：312），转引自吴为善（2011：183）。

② 石毓智（2001：49）：在句型“代 + X + 对 + 代 + Y + 形（动）”中，否定词出现在 X 位置时，一般是表示条件、意愿等虚拟情况；否定词出现在 Y 位置时，一般是表示现实情况。李双剑、陈振宇（2018：95）：非现实句的作用可以总结为，如果原来可用 I 式，进入非现实句后也可用 I 式；原来不能用 I 式的，进入非现实句后就可以用 I 式了。另外，非现实句也可用 II 式。因此，非现实句实际上是“允准 I 式，不影响 II 式”。（这里的 I 式就是 A 式，II 式就是 B 式）

度评价类形容词时，A 式和 B 式的现实、非现实①归属一般可以体现出一种不对称的扭曲关系（skewed relation）②，如图 3－11 所示：

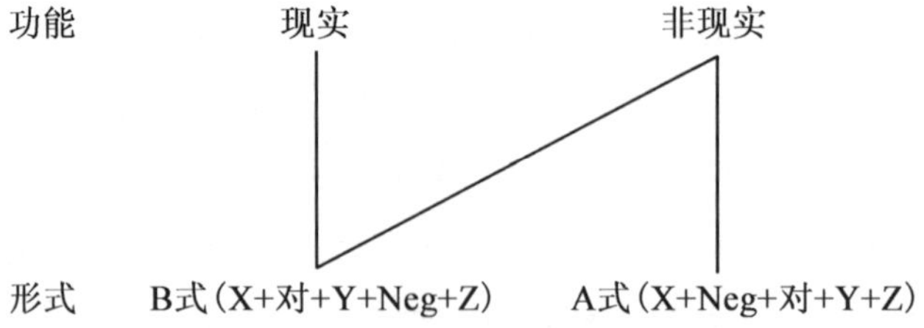

图 3－10　否定式与现实、非现实关系图

也可以用单向蕴含的逻辑式来表示这种扭曲关系：

现实范畴 ⊃ B 式（X＋对＋Y＋Neg＋Z）

这个式子表示：现实范畴中一定使用 B 式，但反过来 B 式不一定都表示现实范畴。

或者表示为：

A 式（X＋Neg＋对＋Y＋Z）⊃ 非现实范畴

它表示：A 式一定表示非现实范畴，但反过来非现实范畴不一定只用 A 式表达。

也就是说，当否定形式为 B 式时，既可以有现实句，也可以有非现实句的表达；而当否定形式为 A 式时，只有非现实句一种表达。例如：

妈妈对我不好。（B 式）【现实句】

＊妈妈不对我好。（A 式）【现实句】

---

① 关于“非现实”中是否包括否定句，学术界有两种观点：一种以张雪平（2009：25）为代表，认为否定是“非现实”的一种表现形式，否定的就是没有发生的，所以是非现实的；另一种以王晓凌（2007：56）为代表，认为否定不属于情态范畴，如果命题原来表达的是现时情态，否定后的句子表达的还是现实情态，反之亦然。我们同意王晓凌的观点，不将否定句笼统放在非现实范畴中。

② 沈家煊（1999：315）指出，在共时平面上，形式和意义之间往往不是一对一的对应关系，而是一种不对等的关系，赵元任（1968）称之为扭曲关系（skewed relations）。我们借用这一关系来说明功能和形式之间的非一对一的关系。

妈妈要是对孩子都不好，那就真是个冷血的人啦！(B 式)【假设句】

妈妈要是不对孩子好，还能对谁好呀？(A 式)【假设句】

天天给你做好吃的，你还说妈妈对你不好？(B 式)【反问句】

天天给你做好吃的，你还说妈妈不对你好？(A 式)【反问句】

因为“$对_3$”的含义已经完全虚化，因此，“对 + NP”成为修饰谓语 VP 的状语成分，否定词“不”需要加在谓语 VP 前。只有在假设、反问等虚拟条件下，才会出现否定词“不”提前至介词“对”之前的情况。而当否定词“不”位于谓语 VP 之前时，则没有这样的限制，无论是现实句，还是非现实句，都可以成立。当然，随着否定词“不”的位置变化，全句的否定焦点也会相应地发生变化。

第七节　本章小结

“对”字句有两种否定形式：A 式否定句“X + Neg + 对 + Y + Z”和 B 式否定句“X + 对 + Y + Neg + Z”。本章中，我们对这两种否定句的准入条件进行了探索与分析。

在 A 式否定句中，“Z”部分的准入成员均为 VP，包括言说类动词、“形式动词 + O_V”、“存现动词 + O_N/O_V”及一些四字格固定语。在 B 式否定句中，“Z”部分的准入成员相对更丰富，包括心理活动类 VP、感知类 VP、“判断动词 + O”、情感态度类 AP 和认知评价类 AP。

根据“Z”部分在两种否定性“对”字句中的准入情况，我们将其分为“A 式和 B 式双式允准型否定”和“A 式或 B 式单式选择型否定”两种情况，并对“双式允准型否定”中，A 式和 B 式的内部差异进行了分析，运用认知语言学的心理扫描理论进行了解释，同时从历时角度探讨了二者并存的原因。对于“单式选择型否定”，分别探讨了其不同的选择限制条件，以及在非现实条件下 A 式与 B 式转换的具体情况，并运用“顺序象似”和“距离象似”原则对其展开了解释和说明。

建立了介词“对”、“Z”的语义特征和两种否定式之间的序位关系，概括了谓语 VP 的动作性强弱、否定词出现的位置和介词“对”的语法化强弱之间存在的纵向的变化和横向的联系。对比了A式否定句与B式否定句的语义、语用功能，从识解方式、编码方式，特别是从凸显的认知表达分析了两种否定式的识解情况，说明了其存在不同的句式义，A式表现为一种意志，全句表现出叙述性和方向性；B式表现出评议性和判断性。还论述了二者的否定范围和否定焦点所存在的差异。最后提出了两种否定句在现实、非现实角度存在的“扭曲关系”。

另外，从介词“对”的否定形式方面的特点中，我们发现介词“对”与“把”“被”等的用法存在一定的差异，因此，我们考虑，是否可以反推验证介词的分类问题。关于介词分类的问题，一直是众说纷纭，我们考察了多部现代汉语类教材中的介词分类情况，有的教材将“对”和“把”“被”都归为“对象类”介词（刘月华，2001；周国光等，2014）。如果把某些词语归为一个小类，除了保证其语义相近，还应该考虑其语法上的使用情况具有一致性，这其中也应该包括否定形式的一致性。特别是在进行第二语言教学时，学生极易根据一个词语的用法去类推同类词语的用法。因此，我们认为，将“把”“被”等介词与“对”归为一类，还是有待商榷的。根据汉语的特点，词语的分类首先应该考虑其功能，然后才是意义。只有全面考察，才能给出合理的分类。

第四章 “对”字句肯定式与否定式的对称与不对称

在第二章和第三章中，我们分别论述了肯定性“对”字句和否定性“对”字句的句法语义特征、内部各组成成分的情况，也说明了否定性“对”字句有两种形式，对比了它们的异同点，并进行了解释。本章我们将对“对”字句的肯定形式和否定形式展开对比，探索其中的对称与不对称的情况。关于“对”字句的两种否定形式，我们依然沿用上一章的表述。

A 式：X + Neg + 对 + Y + Z

B 式：X + 对 + Y + Neg + Z

沈家煊(1999)曾指出，从逻辑上讲，肯定和否定是对称的：肯定的反面是否定，否定的反面是肯定。但是自然语言的肯定和否定并不是完全对称的。语言总体上是对称的，但在局部上又是不对称的，对应的两项中总有一个是无标记项，一个是有标记项，形式和意义之间也有一种扭曲关系。从另一个角度看，语言的不对称是绝对的、永久的，而对称是相对的、暂时的。[①]

石毓智(2001)讨论了以下肯定和否定对称与不对称的现象：①肯定和否定对称的成分；②只用于肯定结构的成分；③只用于否定结构的成分；④肯定式和否定式的语义变异；⑤肯定式和否定式的频率差别；⑥羡余否定。

两位学者的研究给了我们很大启发，在肯定性与否定性“对”字句中也存在着种种不对称的现象，通过对语料的考察与分析，我们发现，有些肯定性“对”字句没有对应的否定形式，而有些否定性“对”字句也没有相应的肯定形式，如果

① 详见沈家煊(1999:43)。

在肯定式和否定式之间进行转换，会出现不合语法或改变语义等现象。下面我们就来分析一下肯定性“对”字句与否定性“对”字句之间的对称与不对称的问题。主要以“对”的语义、“Z”部分的句法特征和副词的不同使用情况为出发点。

在本书中，肯定性“对”字句只要与两种否定性“对”字句其中的一种有对应的形式，就不算不对称，至于与另一种没有对应形式的情况，在两种否定句内部已经进行了比较说明。例如，A 式否定句的“Z”部分没有 AP 形式，但是 B 式否定式中可以出现，与肯定句对应，所以仍可以说肯定句和否定句是对称的。但如果在两种否定形式中都有的结构，如形式动词 + O_V，一个与肯定句对称，另一个与肯定句不对称，则将分开说明。

第一节　肯定句与 A 式否定句的对称与不对称

一、肯定句与 A 式否定句的对称情况

当“Z”为言说动词、“形式动词 + O_V”、“存现动词 + O_N/O_V”，“对”字句的肯定形式与 A 式否定句都存在，在句子中使用 VP 的简单形式时，二者的使用是对称的。例如：

(1)他对老师撒谎。——他不对老师撒谎。

(2)我对他说实话。——我不对他说实话。

(3)学校对学生进行爱国主义教育。——学校不对学生进行爱国主义教育。

(4)他对每个问题都加以具体分析。——他不对每个问题都加以具体分析。

(5)人们对政府提出责难和批评。——人们不对政府提出责难和批评。

(6)磁场对 Y 射线产生影响。——磁场不对 Y 射线产生影响。

例(1)中的“撒谎”为言说动词，例(2)中的“说实话”为言说动词带表示言说内容宾语，这两例属于言说动词的简单形式，肯定句与否定句是对称的。如

果使用言说动词的复杂形式，如动词重叠等，则将体现出二者不对称的一面，详见“肯定句与A式否定句的不对称情况”部分内容。例(3)中的“进行爱国主义教育”和例(4)中的“加以具体分析”都是形式动词带动词性宾语(O_V)的使用情况，这时肯定句与否定句也是对称出现的。例(5)中的“提出责难和批评”，例(6)中的“产生影响”都是存现动词带宾语的使用情况，这时肯定句与A式否定句也是可以对称出现的。

另外，还有一些四字格固定语，也可以同时具有肯定句和否定句的对称关系。例如：

(7)他们对我另眼看待。——他们不对我另眼看待。

(8)他对别人的工作指手画脚。——他不对别人的工作指手画脚。

例(7)和例(8)中的“另眼看待”“指手画脚”都为四字格固定语，由于不能再带宾语，所以只能在“对”字句中出现，由“对”介引其受事宾语。在否定时可以将否定词放在介词“对”之前。但是从数量上来看，肯定句中能够出现的四字格固定语是远远多于否定句的，这主要与四字格固定语的含义有关系。例如，刮目相看、一往情深、喜笑颜开、一视同仁、信以为真等四字格的词义决定了它们只能在肯定句中出现，没有否定的形式。但是也有一些四字格固定语可以同时具有“对”字句的肯定式和否定式，因此，我们还是把这种情况放在对称部分。

二、肯定句与A式否定句的不对称情况

肯定性“对”字句与A式否定句不对称的情况分为两种，一种是只存在肯定句而没有相应的A式否定句；另一种是只有A式否定句，但并没有相应的肯定性“对”字句。这里我们所说的没有相应的A式否定句或没有相应的肯定句是指在现实范畴下不能自由运用的情况，在非现实范畴下或者有其他允准条件的情况下能够成立的句子，并不算在我们讨论的范围内。我们认为，只有在无条件的情况下，能够自由进入某一句法功能，才是真正地揭示肯定与否定之间的对称与不对称，因此我们采取从严的观点，符合这一条件的才可以看作肯定式与否定式对称出现的情况。下面，我们分别进行论述。

(一)肯定句没有对应的A式否定句

沈家煊先生在《不对称与标记论》(1999)一书中提出：从标记理论的角度

论证,就肯定/否定这一范畴而言,肯定是无标记项,否定是有标记项。从形态上看,否定句总是比相应的肯定句来得复杂,否定词就是一个多加的标志。从分布上看,有许多肯定句如果改成相应的否定句都站不住或很别扭。① “对”字句的情况也是一样,肯定性“对”字句的结构类型要比否定性“对”字句丰富得多,有一部分肯定性“对”字句没有相应的否定形式。

1. 言说类动词的复杂形式

当单音节动词以 VV、V 一 V、V 了 V,双音节动词以 ABAB 形式重叠时,或者动词后带有数量补语、动态助词时,没有对应的 A 式否定句。例如:

(9)今天这事儿,我只能对你说说啦。(陈建功、赵大年《皇城根》)

＊(9′)今天这事儿,我只能不对你说说啦。

(10)你只要对指导员说一说就行了。(石言《秋雪湖之恋》)

＊(10′)你只要不对指导员说一说就行了。

(11)关于这件事,你对他解释解释吧!

＊(11′)关于这件事,你不对他解释解释吧!

(12)你对我们说一声再去。

＊(12′)你不对我们说一声再去。

(13)我已经对他承认过了。

＊(13′)我已经不对他承认过了。

例(9)中单音节言说动词“说”重叠为“VV”形式,例(10)中动词“说”重叠为“V 一 V”形式,例(11)是双音节言说动词重叠为“ABAB”式,例(12)为言说动词后带数量补语“一声”,例(13)是带动态助词“过”。这是由动词本身的语法性质决定的,当动词重叠、带有“着、了、过”等动态助词或带有数量补语时,不能再对其进行否定。因为动词重叠后,或者带有数量补语后,与原来相比,都是增加了“量”,“说说”“说一说”与“说”相比,都是表示小量、短时的动作,如果再否定,就有两种可能性,一种是否定动作,另一种是否定“量”,那么否定小量时,就意味着其相反的一面——表示大量,这与句义不符,是不成立的,所以不能出

① 参见沈家煊(1999)《不对称与标记论》:43、46 页。

现这种否定形式。

2. 有 + NP

(14)我对这家小店有印象。

*(14′)我不对这家小店有印象。

(15)学生对你的上课方式有意见。

*(15′)学生不对你的上课方式有意见。

由于“有”的否定形式是“没有”,因此“有 + NP”一般不会出现在由“不”否定的“不对……”式否定句中。那么,对于语料库中检索到的下列句子,我们要做一点解释。

(16)我们并不是真的对别人有兴趣,别人也自然不对我们有兴趣。(CCL语料库)

(17)在今天这个变革时代,若不对社会、历史有深刻的认识、理解和感悟,就简直不知道从何下笔。(CCL 语料库)

(18)只要你走出官舍,而且不对我有任何敌对行为,那么你和你的家族就可确保安全。(田中芳树《银河英雄传说》)

(19)小玮是小辈中唯一的男孩子,家里人都很宠爱他,他们从不对小玮有过多的要求,在小玮的成长中,父母崇尚“顺其自然”。(网络语料)

在例(16)句中,前后分句形成对举关系,前一分句“对别人有兴趣”是肯定句,后一分句相对应为“别人不对我们有兴趣”,互相映衬,各自都得到了凸显。当然,使用“不”在“对”前否定,还可以突出要强调、要否定的是对象,而不是谓语“Z”部分。因此,否定的辖域是不一样的。例(17)是由“若……就……”构成的假设句,例(18)是由“只要……那么……”构成的条件句,二者都是虚拟句,许多在现实句中不成立的句法形式,在虚拟句中都可以使用,这两例便是如此。在例(19)句中,首先,也涉及了否定的辖域不同,我们可以来比较一下:

a 他们从不对小玮有过多的要求。(只对小玮的妹妹有要求)

a′他们对小玮从没有过多的要求。(只对他有基本的要求)

根据括号中给出的对比信息,我们可以明显地感受到这两种否定方式的否定辖域是不同的,否定的焦点也不一样,a 句的否定焦点是“小玮”;a′句的否定焦点是"过多的要求"。另外,"从"在此起到了强调的作用,这类否定性副词所起的强调作用和使用对举句式达到的效果是基本一致的,差别就在于对举凸显的是双方,而否定性副词凸显的是单方面的信息。我们可以借助于这样一个比喻,来更好地理解这两种方式:

在一个队伍里,两个位置相邻的人的衣服是同一颜色或同一款式,因此会很突出,很容易被别人看到,这就好比句子中对举结构起到的作用,因为结构相同,而在句子里被突出,二者互为映衬。而"从"类否定副词,就好像队伍里的某个人戴了一顶颜色鲜艳的帽子,使得这个人变得突出、抢眼,那么,"从"类否定副词所修饰的"不对……"自然会成为全句的焦点,被凸显出来。因此,无论是采用对举形式,还是使用否定性副词,都可以起到对比强调突出的作用,二者最终的语用效果是一样的。

通过对例(16)至例(19)的分析,我们了解到,能够在 A 式否定句中出现的"有 + NP"结构都是在使用了对举句式、虚拟句式(假设句、条件句等),或者在否定式"不对……"前添加了否定性副词"从""并"等才成立的,这都是需要允准条件才能使用的,没有在 A 式否定句中能够自由运用的情况。因此,我们还是把"有 + NP"结构在肯定性"对"字句与 A 式否定句中的情况看作不对称的。

3. 表情体态 VP

(20)这时候卡尔松也笑了,他对皮克先生眨眼,还从他身边挥动薄纱而过。(林格伦《小飞人三部曲》)

*(20′)……他不对皮克先生眨眼……

(21)在花店里,有个女孩对我招手。

*(21′)在花店里,有个女孩不对我招手。

(22)她对他挥手,意思是叫他去找旅馆住下。(艾米《山楂树之恋》)

*(22′)她不对他挥手……

例(20)中的"眨眼"为表情动词,例(21)中的"招手"和例(22)中的"挥手"都为体态动词,这些动词在"对"字句中都只有肯定形式,没有否定形式。我们在 CCL 语料库中对哭 、眨眼、挤眉弄眼、皱眉、瞪眼、使眼色、伸舌头、做鬼脸、招手、摇手、挥手、摆手、敬礼、行礼、鞠躬、作揖、鼓掌、点头、低头、摇头、抬头等表情体态类动词进行了检索，发现它们在“对”字句中的使用均只有肯定形式，没有否定形式。只有“低头”一词在不表示做出实际动作时，可以出现否定形式：

(23)别说他是江湖上第一大帮之主，便是寻常一个丐帮弟子，也不该对敌人低头示弱。(金庸《倚天屠龙记》)

(24)没错，我始终引以为傲的事情：我从来不曾对人类低头。(奥尔罕·帕慕克《我的名字叫红》)

(25)现在她是咬紧牙的，没有对眼前的困难低头，她只盼着铁道游击队早日回来，这一天总会到来的。(刘知侠《铁道游击队》)

(26)她对邪恶又从不低头，总是敢于挺身而出去制止。(CCL语料库)

在例(23)至例(26)中出现的“低头”都不表示实际的动作，而是一种隐喻的用法，表示屈服。因为人在认错、屈服时往往会做出“低头”的动作，所以来源域“低头”和目标域“屈服”有相似性，由来源域表示动作的“低头”向目标域表示屈服的“低头”映射，构成隐喻用法。[①] 与例(20)至例(22)对比，我们可以得知：普通的体态动词是没有“对”字句的否定形式的。“低头”在表示“屈服”这一含义时之所以可以出现否定用法，是因为从人的品格来讲，“不屈服”是一种优秀品质，所以会经常使用其否定形式。而且，“屈服于谁？”是伴随而来的问题，所以需要在“对”字句中出现否定形式，由“对”引出屈服的对象。而在表达这一含义时，往往会加入主观情感，因此，由能愿动词“该、应该”等与否定副词“不”组合为“不该、不应该”等出现，或者由“从”“从来”等副词伴随出现，也表现了强烈的主观情感。

但是考虑到这时出现的“低头”已经不表示具体的体态动作，所以我们仍将其与其他体态动作放在一起，算作与肯定性“对”字句不对称的表达形式。这样考虑，有两个原因：一是由于“低头”只有在隐喻用法时才出现否定形式，而且在使用中也经常配合能愿动词“该”“应该”、副词“从”“从来”等，也是部分性地需要有允准条件的，并不是纯粹的自由运用；二是考虑到语法研究结论的服务对象之一是对外汉语教学，我们不能因为存在一种特殊用法，而告诉学习者“低

---

① 关于“低头”的隐喻用法，详见第五章第二节中“对……(Neg)VP/AP”的隐喻功能的介绍。

头”在“对”字句中肯定式和否定式的用法是对称的，那么肯定会对学习者的汉语运用造成一定的影响。因此，我们更倾向于采取较严格的标准，暂不把其看作肯定式和否定式对称的对象之一。

4. 非现实范畴下的A式否定句

以上我们所考察的A式否字句与“对”字句肯定句使用的不对称情况都是在现实语境下进行的，如果在一些虚拟句中，某些肯定性“对”字句也可以有对应的“不对……”句。例如：

(1)用在反问句中。

(27)关于这件事，你不对他解释解释吗？

(28)你不对我们说一声再去吗？

因为在反问句中否定形式表达的是肯定意义，所以例(27)中的真实意思是“你应该对他解释解释”，例(28)中的真实意思是“你应该对我们说一声再去”。因此，可以出现使用动词重叠、带数量补语的用法。

(2)用在假设句中。

(29)今天这事儿，我如果不对你说说，就睡不着觉。

(30)我如果不对他承认过了，他是不会放我走的。

(31)我要是不对这家小店有印象，今天就找不到你家了。

(32)如果学生不对你的上课方式有意见，我就不会找你谈话了。

“要是……就”“如果……就”等表示假设关系的关联词语及反问句的使用，是“不对……”句可以成立的条件。

另外，关于表情动词“笑、微笑”也存在一些有条件才能成立的情况。以下是我们对CCL语料库进行穷尽检索所获得的“不对……笑/微笑”的语料：

(33)但是，她从来不对任何人笑，甚至煞费苦心地做出许多可笑的姿势也逗不笑她。(考琳·麦卡洛《荆棘鸟》)

(34)他对于以为“一定想引诱野男人”的女人，时常留心看，然而伊并不对他笑。(鲁迅《阿Q正传》)

(35)爱社笑了，白天偷偷笑，夜里睡在床上笑，明里对人们不笑，不光不笑还说，别疯了，该罢休就罢休，不要贪心不足，干这号事可是一嘴蜂糖一嘴屎，万

一赔了可就苦了。(乔典运《香与香》)

(36)每当我感到人们不对我微笑时,我就开始笑着对人问好,然后,非常神奇地,似乎我周围突然多出了许多微笑着的人。(罗伯特·清崎、莎伦·莱希特《富爸爸 穷爸爸》)

(37)日本女性在外国最容易招致误解的原因之一,就是暧昧的微笑。欧美的女性对陌生人几乎是不微笑的,然而日本女性就不同了。结果,对方认为她对他有好感,甚至认为她是很容易“上钩”的女人。(CCL 语料库)

我们共检索到“不对……笑”语料 3 例,“不对……微笑”2 例。其中,例(33)中“不对……”前带有副词“从来”,而且“对”的介词宾语为“任何人”,具有任指的作用;例(34)中的“然而”与前面的分句构成转折关系,“不对……”前带有副词“并”;例(35)中虽然没有典型的允准条件,但是也是需要与前后分句配合才能够成立的,如果只出现“爱社明里对人们不笑”,显然是不能够成立的;例(36)中的前后小句具有承接关系,也是在复句条件下才得以成立的用法;例(37)中的前一分句“欧美的女性对陌生人几乎是不微笑的”与后一分句“日本女性就不同了”构成转折关系,而且需要在“是……的”的强调结构中才使用得更自然。可见,从例(33)至例(37),每一句都需要具备一定的允准条件,才可以在否定性“对”字句中出现。从使用的自由度来看,与肯定性的“他对我笑”“我对他微笑”等句相比,差别还是较大的。所以秉承“宜严不宜宽”的原则,我们没有将这种句法现象归并到肯定句与否定句的对称表达中,但是我们也尊重语言事实,既然存在,就要对其分析清楚,因此列举出来进行说明。

那么,否定性“对”字句的自由使用标准到底包括哪些?赵彧(2019:74)将例(35)这样的句子归为“自由使用式”①,认为如果 VP 是单音节自由语素,可以自由出现在两种否定式中。除例(35),还列举了下例:

(38)我实在无心吃饭。我晓得她一定也无心吃饭。不然,何以分别的时候,她不对我笑,而且脸上很不高兴呢?(丰子恺《华瞻的日记》)

我们认为,此例中的“笑”并不是完全自由的,它出现在反问句中,因此,只

① 所谓“自由使用式”,是指该词既可以在“不对……”句中出现,也可以在“对……不”句中出现,是自由的。

有在非现实条件下才能成立。

由此，我们观察到“哭”也属于单音节自由语素，在语料库中可以检索到“哭”的肯定性“对”字句用例，如“外婆总是对我哭”“她对我哭了好几回”等，可是并没有检索到其否定性“对”字句的用例。为此，我们针对“笑”和“哭”在否定性“对”字句中能否成立做了语感调查，被调查者大多认为“他不对我哭”还算可以接受（部分认为需要有语境才可以），而“他对我不哭”大部分人认为是不能说的。①

因此，我们还是考虑将表情体态类动词归为肯定句与否定句不对称的范围内。单音节自由语素可以作为考察其能否进入否定性“对”字句的一个条件，但是不能只看形式，还是要考虑语义才可以。“笑”“哭”的意义、用法不对称，符合反义词不对称的一般规律。而且，正面词、负面词对否定的不同反应也存在差异。另外，还应该考虑多义多功能与单一功能。“笑”可分非自主情感流露、自主表态；“哭”基本只有前一种。

“笑”“哭”这类表情动词，是人类通过视觉就可获得的信息，所以比“喜欢”“了解”“友好”“重要”等表示心理感知类的动词或情感评价类的形容词更直观、更具体，更易让人感觉到。在“对”字中对其进行否定，更倾向于将否定词放在介词“对”前，而不是谓语动词前，有两方面的原因：一是与“对”的演变过程有一定的关系；二是与主观性有关。这里出现的“对”，表示“朝、向”义，是“对”由动词演变为介词时最早出现的一个介词义，也就是说，距离动词的功能还很近，那么，否定词加在“对”前，是对于其动词功能的一种延续。当“对”越来越虚化后，否定词才后移到句子的谓语动词前，如“对他不满意”。

A 式否定句比 B 式否定句的主观性更强，从“笑”和“哭”的语义来看，这都

---

① 我们一共对 116 人进行了语感调查，调查对象为大学本科生，多为中文专业。调查内容为：下面哪句话是能说的？（可以多选）1. 他不对我笑。2. 他对我不笑。3. 他不对我哭。4. 他对我不哭。调查结果为：105 人认为 1 句可说，占 90.5%；43 人认为 2 句可说，占 37.1%；76 人认为 3 句可说，占 65.5%；24 人认为 4 句可说，占 20.6%。从比例来看，“笑”和“哭”出现在“不对……”句中的接受度更高，都超过了半数。但是被调查者也表示，他们会不自觉地想到放在哪些语境中，才会确定此句是否能成立。可见，这些说法能否成立还是会受语境影响的。

是人类自发的、可控的行为，具有一定的主观性，所以在进行否定时，更倾向于选择A。而B式更倾向于表达对一种结果的陈述。因此我们可以概括为：A式的自主性比B式强。两种否定性“对”字句虽然自主性强弱有差异，但都倾向要求含有意志性、自主性的动词，所以“笑”（可以表态度）能适应，“哭”不太能适应。这和我们在语料库的调查是相符合的。

（二）A式否定句没有对应的肯定句

1．“不对”前的成分具有周遍义[①]

（1）疑问代词＋也。

（39）方枪枪什么也不对我说，这就是朋友，我还以为能信任他呢。（王朔《看上去很美》）

（40）我们说好谁也不对谁认真，不是吗？（琼瑶《雁儿在林梢》）

“什么”“谁”等疑问代词除用于提问表示疑问，还有非疑问用法，可以表示任指，具有周遍义，即表示在所涉及的范围之内没有例外，而且在句子中必须重读。其后多与副词“都”“也”配合，肯定句里“都”比“也”占优势，否定句里“也”比“都”占优势[②]。“也”后面基本都是否定式。因此，在这种情况下，A式否定句没有对应的肯定形式。

（2）一/半＋量（＋名）＋都/也。

（41）她宁肯忍着渴，也不要他倒杯水，一个字也不对他说。（骆宾基《一九四四年的事件》）

（42）她只用眼角撩他一下，连半句话都不对他说。（老舍《火葬》）

陆俭明（1986）指出，“一＋量（＋名）”成分具有周遍义，且只有否定形式；

---

① 陆俭明（1986）曾将周遍性主语句分为三类：A类主语由含有表示任指的疑问代词的名词性成分所充任，如“什么人都可以进去看看。”B类主语由数词为“一”的数量短语所充任，如“一个人也不休息。”C类主语由含有量词重叠形式的名词性成分所充任，如“家家都用上了煤气炉。”其中，B类只有否定形式，没有肯定形式。徐烈炯、刘丹青（1998）不同意陆俭明的主语说，认为周遍性成分具有话题性。陆丙甫（2004）则认为周遍性成分具有话题和状语的双重性。本书的考察着眼于周遍性成分后需要使用否定形式，对于周遍性成分归属问题存在的分歧认识不展开讨论。

② 参见朱德熙（1982：93）。

《现代汉语八百词(增订本)》(1999)中说,“都”用在“一＋量……都＋动”形式中只有否定式;沈家煊(1999)、石毓智(2001)都认为,对一个最小量级的否定等于对全量的否定。综合各家观点,我们认为,例(41)和例(42)中的“一个字”“半句话”都表示最小量,具有否定全量的含义,可以与表示任指的疑问代词“什么”互相替换,即“什么也/都不说”,后面配合副词“都”或“也”,加强否定语气,只能用于否定结构中,因此,此处没有对应的肯定性“对”字句。

2. 动词宾语或补语表示最小量

(43)我保证不对老爷子说半句。

(44)我并不对此表现出一丝的犹豫。(CCL 语料库)

例(43)中的宾语“半句”和例(44)中的补语“一丝的犹豫”都表示极小量,由于对最小量的否定相当于对全量的否定,它们都可以被表示任指的疑问代词“什么”替换,即“说什么/表现出什么”。因此,这里不能使用肯定形式,如果改为肯定性“对”字句,就会产生语义变异。在否定句中,“半句”和“一丝”在量上表现为“0”,而在肯定句中,则只表示词语本身的含义。同时,句重音也会发生变化。否定句的重音在“半句”和“一丝的犹豫”上,属于焦点重音;变为肯定句后,就会变为句子的自然重音落在谓语上了。

3. “不对”的前面出现“绝”“决”“并”“从”等副词

(45)但是,梦莲并不对他“特别”的亲热。(老舍《火葬》)

(46)老朱头总是对她好,总是照顾她,没口没嘴从不对外人说道他俩的事。(池莉《你是一条河》)

(47)每逢父子吵了嘴,他很想把老人叫作“挨揍的代表”,可是决不对别人公然这么说。(老舍《杀狗》)

(48)我向自己发誓,绝不对沃克提出这样的请求,以及类似的请求。(梁晓声《京华闻见录》)

例(45)中的“并”用在否定词前有加强否定语气的作用。[①] 例(46)中的“从”表示“从来”,也是要求用于否定句中。例(47)中的“决”表示“完全”。例

① 关于副词的意义和用法的解释,参见《现代汉语八百词(增订本)》。

(48)中的“绝”表示“绝对”。这些副词的共同特点就是,由于其含义决定了其后所带成分必须为否定形式,因此A式否定性“对”字句此时都没有对应的肯定句式。

第二节 肯定句与B式否定句的对称与不对称

有些肯定性“对”字句没有对应的B式否定句,而有些B式否定句也没有相应的肯定形式,如果在肯定式和否定式之间进行转换,会出现不合语法或改变语义等现象。下面我们就分别进行说明。

一、肯定句与B式否定句的对称情况

(一)“Z”为VP

当“Z”为言说类动词、“存现动词 + O_N/O_V”、部分“形式动词 + O_V”、心理活动或感知类动词、“判断动词 + O”、“能愿动词 + VP”时,肯定句与B式否定句在使用上是对称的。例如:

(49)我对他说实话。——我对他不说实话。

(50)他们对这个项目的发展持有乐观的态度。——他们对这个项目的发展不持有乐观的态度。

(51)他们对彼此产生影响。——他们对彼此不产生影响。

(52)我们对这个问题进行研究。——我们对这个问题不进行研究。

(53)他对我(很)关心。——他对我不关心。

(54)他对你的做法(很)理解。——他对你的做法不理解。

(55)他对任何智力活动都是外行。——他对任何智力活动都不是外行。

(56)我对他这个疑问能够给一个确定的回答。——我对他这个疑问不能够给一个确定的回答。

在例(49)中,“说”为言说类动词。例(50)和例(51)中的“持有乐观的态度”和“产生影响”属于存现动词带宾语的情况。在例(52)中,“进行研究”是形式动词带动词性宾语的情况。在例(53)中,“关心”为心理活动类动词。在例

(54)中,“理解”为感知类动词。在例(55)中,“是外行”为“判断动词+O”的形式。在例(56)中,“能够给一个确定的回答”为“能愿动词+VP”的形式。在以上情况中,肯定性“对”字句与B式否定句的表达是对称存在的。

但是,对于“形式动词+O_V”的情况,我们还要进一步做出说明,因为并不是所有的肯定性形式动词“对”字句都有相应的B式否定句。有些在转换为B式否定句后,可接受性低,有些在转换时需要兼顾语音方面的要求,对词形做出适当调整。例如:

(57)学校对学生进行爱国主义教育。

?(57′)学校对学生不进行爱国主义教育。

(58)领导对这种做法予以肯定。

?(58′)领导对这种做法不予以肯定。

(58″)领导对这种做法不予肯定。

(59)他在会议上对这种用法加以说明。

?(59′)他在会议上对这种用法不加以说明。

(59″)他在会议上对这种用法不加说明。

有些在肯定句中出现的形式动词,如进行,在B式否定句中可接受性低。例(57′)具有一定的不自足性,需要补出后续句,表义才更完整。例(58)和例(59)中的形式动词“予以”“加以”,使用B式否定句可接受性低,但是如果改变为单音节语素“予”“加”与否定词“不”组合成“不予”“不加”,“不”由词降级为语素,则更易于接受,如例(58″)和例(59″)。我们对BCC语料库文学库的语料进行了穷尽性统计,结果如下:

对……不予以:1例　　　　对……不予:82例

对……不加以:15例　　　　对……不加:92例

可见,“不予”和“不加”的使用频率更高。这种受到语音限制而改变的情况还有很多,我们将在以下章节进行论述。

(二)“Z”为AP

当“Z”为情感态度类和事件评价类AP时,肯定句与B式否定句在使用上也是对称的。例如:

(60)我的朋友对人宽容。——我的朋友对人不宽容。

(61)我的丈夫对我(很)好。——我的丈夫对我不好。

(62)气候对农作物的生长(相当)重要。——气候对农作物的生长不重要。

(63)这份工作对他(很)合适。——这份工作对他不合适。

例(60)中的“宽容”为情感态度类 AP,是“我的朋友”对待别人的态度。例(61)中的“好”也是情感态度类 AP,是“我的丈夫”对待“我”的态度;例(62)中的“重要”是事件评价类 AP,对于“农作物的生长”来说,给出的评价是“气候”是“重要”的。例(63)也是事件评价类 AP,对于“他”来说,给出的评价是“这份工作”是“合适”的。由于形容词做谓语时,通常在前边加上程度副词作为修饰语,因此,在肯定句中,AP 前加上“很”“相当”等程度副词时,会使句子更顺畅。

二、肯定句与 B 式否定句的不对称情况

肯定句与 B 式否定句的不对称情况也分为两种:一种是肯定句没有对应的 B 式否定句;另一种是 B 式否定句没有对应的肯定句。下面我们分别进行论述。

(一)肯定句没有对应的 B 式否定句

1. VP 的复杂形式

当 VP 为重叠式、带有助词或补语等复杂形式时,没有对应的 B 式否定句。例如:

(64)今天这事儿,我只能对你说说啦。(陈建功、赵大年《皇城根》)

*(64′)今天这事儿,我只能对你不说说啦。

(65)我已经对他承认过了。

*(65′)我已经对他不承认过了。

(66)你对我们说一声再去。

*(66′)你对我们不说一声再去。

(67)警察对整个事故了解得很清楚。

*(67′)警察对整个事故不了解得很清楚。

(68)领导对这个问题重视起来。

*(68′)领导对这个问题不重视起来。

例(64)中的言说类动词“说”运用了重叠式“VV”。例(65)中的言说类动词“承认”后带有动态助词“过”。例(66)中的言说类动词“说”后带有数量补语“一声”。例(67)中的心理感知类动词“了解”后带有情态补语“很清楚”。例(68)中的情感态度类动词“重视”后带有趋向补语“起来”。在动词重叠、动词后带动态助词或者动词后带有数量补语、情态补语、趋向补语时,没有相应的B式否定句。

但是,例(67)和例(68)可以出现如下否定形式:

(67″)警察对整个事故了解得不清楚。

(68″)领导对这个问题重视不起来。

例(67″)和例(68″)与B式否定句的区别在于:B式否定句“NP_1+对+NP_2+不+VP/AP”否定的是整体的VP或AP,而这两例并不否定核心谓语VP“了解”和“重视”,只是否定其后带的补语“清楚”和“起来”。如果将否定词位于核心动词前看作是整体否定的话,那么否定词出现在情态补语和趋向补语前就可以看作是部分否定。因此,并不能算是与肯定句对称的情况。

2. 有+NP

(69)我对这家小店有印象。

*(69′)我对这家小店不有印象。

(70)学生对你的上课方式有意见。

*(70′)学生对你的上课方式不有意见。

由于“有”的否定形式是“没有”,因此在B式否定句中不会出现直接用“不”否定“有”的情况。但是,如果在“有”前加上情态动词“会”,表示对于将来的一种推测时,就可以出现“对……不会有+NP”的用法。例如:

(69″)我对这家小店不会有印象的,因为那天我喝多了。

(70″)学生对你的上课方式不会有意见的,你就大胆去讲吧。

(71)另一种是你从未尝试过这事情,预先就认定你对它不会有兴趣。(铁凝《门外观球》)

可见,否定词“不”后加上情态动词“会”时,“有 + NP”的形式可以用 B 式否定。这是因为,否定词“不”不是直接对“有 + NP”进行否定,而是先与情态动词“会”组合成“不会”,“不会”表示一种推测,再整体否定“有 + NP”,“有 + NP”是推测的结果,带有很强的主观性,因此可以成立。否定词直接否定“有 + NP”[①]是对命题的否定,属于内部否定;而“不”否定情态动词“会”,是对情态的否定,属于外部否定。[②]

3.“不 X”型词语

(72)现在人们对民航的意见还是很多,这是因为一个服务员服务不好,人们就会对整个民航服务不满。(CCL 语料库)

(73)被拘留者对拘留不服,可以向公安机关或检察机关提出申诉。(CCL 语料库)

(74)芳契你这样做是对公司不忠。(亦舒《紫薇愿》)

(75)应该是他来道歉,是他先对我不敬。(夏雨寒《芙罗瑛花传》)

例(72)至例(75)的“Z”部分都由“不 X”型词语充当。我们将“不 X”判断为词而不是短语,是因为“不”和“X”的内部不能再插入其他成分。试对比:

不满——＊不特别满　　　　不敬——＊不太敬

不满意——不特别满意　　　不敬重——不太敬重

按照董秀芳(2003a:13)的观点:如果存在一个与“不 + 动/形”意思上相对应的“动/形”肯定形式,那么“不 + 动/形”是短语。按此观点,我们可以尝试鉴别一下:

---

① 因为动词“有”的特殊性,能够直接置于“有”前对其进行否定的只能是否定副词“没”。

② 参见彭利贞(2007:315-316):情态表达式的否定有三种方式,即外部否定和内部否定及这两种否定的结合体——双重否定。例如:

A. 她可能在办公室。

B. 她可能不在办公室。

C. 她不可能在办公室。

A 句为肯定式,B 句是对命题的否定,可以称为内部否定,C 句是对情态的否定,称为外部否定。

对……不满——＊对……满

对……不服——＊对……服

对……不忠——＊对……忠

对……不敬——＊对……敬

可见，去掉“不”后，单音节的“满”“服”“忠”“敬”都不能作为词语在“对”字句中单独使用，因此，“不X”就没有与之对立的肯定形式“X”了，从“不＋X”形式的短语演变为“不X”形式的词。虽然从语义上来看，“不满”表示“不满意”的意思，“不服”是“不服气”的意思，“不忠”是“不忠诚”的意思，“不敬”是“不敬重”的意思，但是“不满意”是否定词“不”修饰“满意”构成的短语，“对……不满意”有相应的肯定形式“对……满意”，而“对……不满”由于词语内部已经带有否定性语素，因此，不能再在其前面加上否定词“不”。例(73)至例(75)也是同样的情况，都不能出现“对……不＋不X”的形式。以“不忠”为例，试比较：

A 芳契对公司(很)忠诚。——芳契对公司不忠诚。

B 芳契对公司不忠。——＊芳契对公司不不忠。

A组中的“对……忠诚”和“对……不忠诚”是肯定形式与否定形式并存的。而B组中只有“对……不忠”，没有相对的否定形式。还有一些“不X”词语，我们已经找不到相应的“不＋X?”来替换其语义，说明其演化的更为彻底。例如：

(76)二爷，乔家一向对下人不薄，仗着乔家庇护，那么多下人都还能过日子。(朱秀海《乔家大院》)

(77)长期吃素对身体健康不利。(健康饮食编委会《吃对不生病》)

这两例中出现的“不薄”“不利”都不能再转变为含义相当的“不＋X”的短语形式。但是在“对”字句中的用法与例(72)至例(75)是一致的，都没有“对……不＋不薄/不利”的否定形式。另外，“对……不利”在一定条件下还具有转喻功能，详见第五章内容。

索绪尔(1983)认为，在新单位的产生中，有一个因素是黏合。黏合是指两个或者几个原来分开的但常在句子内部的句段里相遇的要素，互相融合成为一个绝对的或者难于分析的单位。[①] 可见,“不X”正是通过黏合的方式产生的,而导致其在“对”字句中没有相应的否定形式的原因主要是,“不X”中的语素“不”所带有的否定义。

李宇明(2000)认为,由于它们的构成成分中已含有否定语素,因此这类词语没有否定式。[②] 我们同意李宇明先生的观点,虽然从语义方面来看,这类“对”字句本身的含义是否定性的,但这种否定来自词语内部,而不是通过句法手段实现的。从形式来看,这类“对”字句是没有句法否定形式的,因为不能在这类“不X”词语前加上否定词“不”,形成“对……不+不X”。

还有一个原因就是“经济原则”[③]的作用。从“不满意”到“不满”;从“不服气”到“不服”;从“不忠诚”到“不忠”……这种变化体现了言者在传递信息时的时效性——尽量用少量的语言表达足量的信息。语言中的缩略语就是最好的例证:

北京大学——北大;彩色电视机——彩电

因此,我们认为,“对……不X”结构中的“不X”型词语正是人们在语言经济原则的作用下,一些频繁使用的“不+X”短语词汇化的结果。但是称说便利的同时,也形成了一种语法不对称:只有“对……不X”结构,而没有相对的“对……不+不X”[④]结构。

另外,还有一类四字格固定语,也存在类似的现象。我们将其分为三组:

A 不屑一顾、不以为然、不置可否

B 不闻不问、不即不离、不冷不热

C 不无用处、不无留恋、不无帮助

① 参见索绪尔(1983)的《普通语言学教程》248页。

② 参见李宇明(2000)的《汉语量范畴研究》259页。

③ 沈家煊(1999:331)指出:“经济原则”就是说话人总想在取得精确传递信息的效益时尽量减少自己说话的付出。使用频率较高的成分不加标志或采用短小的组合形式,都是出于经济或省力的考虑。因此,这时就需要象似原则服从经济原则,即使用频率高的语言成分在形式上缩略,形式的缩略意味着象似度降低。

④ 因为“不X”已经凝固成词,所以不可能有“对……X”与其构成对称结构,因为“X”为语素,不能在句子中独立使用。

A组的词语都为四字格成语,从成语的内涵义来看,都表达的是否定的内容,因此,在“对”字句中使用时,不能再将否定词加在其前面,没有B式否定句。例如:

(78)我十五岁的哥哥对这已经不屑一顾了。(余华《在细雨中呼喊》)

(79)一些用人单位往往只重视用行政手段管理劳动力,而对劳动合同不以为然。(CCL语料库)

(80)欧盟执行机构欧委会的环境处对上述报道不置可否。(CCL语料库)

B组词语为四字格的固定语“不X不Y”格式,前后两部分构成并列关系。由于整体词语的语义内涵为否定,因此也不能在“对”字句中出现B式否定句。例如:

(81)姜凤琴的病房中无氧气等救急设备,徐宏对此不闻不问。(CCL语料库)

(82)在从前,她的处世待人的方法多半是本着祁家的传统,凡事都有个分寸,对谁都不即不离。(老舍《四世同堂》)

(83)美国以老大自居,对欧洲态度不冷不热,指挥欧洲做这做那,并提出了诸如引渡恐怖嫌疑犯等使欧盟为难的要求,深深刺伤了欧盟“图强”的自尊心。(CCL语料库)

C组与A、B组相比,语素间结合的紧密程度没有那么强,只能看作是准固定语。C组的特点是同时使用了“不”和“无”两个否定性语素,负负得正,双重否定相当于肯定,所以“不无X”相当于“有X”①。但是与双重否定句一样,不可以再加一个否定词来表示“有X”的相反含义了。这一点与A组和B组也不一样,A组和B组是因为语义中带有否定含义而不能在B式否定句中出现,C组是由于已经使用了两个否定性语素,而不可以再添加否定词。总之,C组也没有B式否定句的形式。例如:

(84)他的教育程度比他们的高,字也认识得多,对他们也不无用处。(老舍《四世同堂》)

(85)李云鹤虽然对粉墨登场的乐趣不无留恋,但也尝够了成年累月的奔波劳碌,这次回到亲人身边,重新享受到恬静的家庭生活,她深感温暖。(CCL语

① “不无X”与“有X”相比,增加了强调的表达效果。

料库)

(86)充分咀嚼对人的身体素质也有一定影响,对推迟衰老过程不无帮助。(温长路《俗言俚语话养生》)

我们认为,C组使用两个否定性语素与双音节词组合成“不无X”准固定语,除了可以起到强调的作用,也是为了兼顾语音上的和谐。我们将在第四节中从韵律的角度,谈谈其在“对”字句肯定式与否定式对称与不对称中所起的作用。

(二)B式否定句没有对应的肯定句

还有一些情况,B式否定句是没有对应的肯定性“对”字句的,主要涉及“对”的宾语及相关副词的运用等。体现在以下几个方面。

1. 介词“对”的宾语具有周遍义,而且与副词“也”同现

(87)他没有什么抱怨,对谁也不记仇。(汪曾祺《皮凤三楦房子》)

(88)丁副队长的事对谁也不准说。(老舍《火葬》)

(89)可我还要告诉你:对什么人也不能深信、深交!(陈建功、赵大年《皇城根》)

当“谁”“什么”等疑问代词充当介词“对”的宾语时,具有周遍义,表示任指,即任何人、任何事物,后面与副词“也”配合使用时,只能在否定句中出现,不能转换成肯定性“对”字句。原因已经在第一节中进行了论述,这里不再重复。

2. 副词“又”与否定词同现

《现代汉语八百词》中副词“又”的基本含义有两个:一是表示一个动词或状态重复发生,两个动作或状态相继发生或反复交替;二是表示几个动作、状态、情况累积在一起。这两种义项一般不用于否定句,当“又”出现在否定句中时,大多表示加强某种语气。因此,这时不会有相应的肯定形式①。例如:

---

① 石毓智(2001:207)认为有一些副词语义上要求所修饰的成分必须是肯定式,如果用于否定式时,往往会改变本义而发生语义变异。一般表示程度或者加强否定语气。他曾谈到关于“又”用于否定句时的情况:“又”在否定式中出现大都表示某种语气。例如:

a. 心里有千言万语,嘴里又不说出来。b. 他又不会吃人,你怕什么? c. 下雪又有什么关系? 咱们照常锻炼。

a句中的“又”表示转折语气;b句中的“又”加强否定语气;c句为反问句,意思是“下雪又没有什么关系”,“又”还是加强否定语气。

(90)我对话剧又不甚感兴趣。(梁晓声《京华闻见录》)

(91)在这种情形下,语言对这些鸟似乎又不只是声音而已!(CCL语料库)

(92)她绝对不会跟这么个家伙去走穴的,不过,她对“走穴”又不像有些人那么深恶痛绝。(陈建功、赵大年《皇城根》)

(93)从前有个人,家道破落了,穷得要吃糠充饥,但对人又不敢认穷。(CCL语料库)

在例(90)中,“又”强调“不甚感兴趣”,在例(91)中,“又”强调“不只是声音”,这两例中的“又”都表示加强否定语气。在例(92)和例(93)中,“又”表示转折语气。因为“又”的这两种用法只用于否定句,所以这种情况下没有对应的肯定性“对”字句。

3. 否定性副词出现在否定词“不”前

否定性副词“并”“从”“决”“绝”出现在否定词“不”前。其中,“并”出现的频率较高,其他副词出现的频率较低。例如:

(94)我对这并不感兴趣。(陈建功、赵大年《皇城根》)

(95)他们都没有做过伤天害理的事,对人从不尖酸刻薄,对地方的公益,从不袖手旁观。(汪曾祺《岁寒三友》)

(96)我敢保证我对你决不掩饰自己的情感。(王朔《痴人》)

(97)中国人对人民大会堂绝不陌生,但寻常百姓大多只能通过荧屏来领略它的风采。(蔚冰、黑子《他曾是人民大会堂的总厨师长》)

在例(94)中,“并”表示强调“不感兴趣”的程度,有加强否定语气的作用。例(95)中的“从”只用在“不”“未”前,后面必须用双音节动词或动词短语。例(96)中的“决”是“一定、完全”的意思,表示坚决否定。例(97)中的“绝”是“绝对”的意思,表示完全否定,排除任何例外。由于这些副词的意义和它们在句子中所起的作用要求后面必须是否定结构,因此B式否定性“对”字句此时都没有对应的肯定形式。

第三节 肯定式与否定式的语法语义结合多样性

“对”字句语法形式的肯定与否定与其表达的语义内容的积极义与消极义具有复杂的对应关系,呈现出语法语义结合的多样性特点。

为了可以更直观地表现出肯定性“对”字句与否定性“对”字句语法和语义上的复杂关系,我们在此借用数学上的平面直角坐标系和数轴(number axis)的概念来表现这些“对”字句中语法和语义结合所体现出来的多样性情况。

平面直角坐标系是由互相垂直的 X 轴和 Y 轴两个数轴构成的,X 轴和 Y 轴的交叉点是它们相同的原点(origin)。X 轴以 O 为原点,O 的右侧为正向,O 的左侧为负向;Y 轴以 O 为原点,O 的上方为正向,O 的下方为负向。X 轴和 Y 轴构成四个象限,从右上方沿逆时针方向,依次为第 I 象限,第 II 象限,第 III 象限,第 IV 象限。每一个象限中的点都可以用有序数对表示出来。例如,在第 I 象限中,设有一点 A,该点到 Y 轴的距离为 M,到 X 轴的距离为 N,则该点的坐标为(M,N)。

我们将 X 轴设为语义轴,为了更好地体现出语义的积极、消极和中性,我们将原点设在 0 的位置,语义为积极义时,在原点的右侧,设为 M;语义为消极义时,在原点的左侧,则为 $-M$。将 Y 轴设为语法轴,原点设在 0 的位置,与 X 轴的原点重合,语法形式为肯定式时,在原点的上方,设为 N;语法形式为否定式时,在原点的下方,则为 $-N$。当然,我们无法像数学中那样确定语义的具体数值,所以我们所画的数轴上不标明具体刻度,只体现语义的积极、消极和中性之间的相对关系。

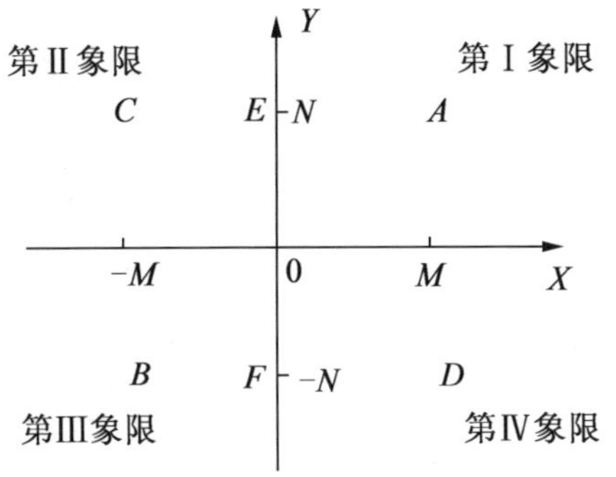

图 4-1 语法语义结合图

如图4-1所示，X 轴，即语义轴，可以呈现出三种情况：

M——积极义

0——中性义

$-M$——消极义

Y 轴，即语法轴，可以呈现出两种情况：

N——肯定式

$-N$——否定式

X 轴和 Y 轴组合后，可以在坐标系上呈现出六种情况，分别位于四个象限和 Y 轴上，下面我们分别进行说明。

A 点在第Ⅰ象限，可以用有序数对表示为(M,N)；B 点在第Ⅲ象限，可以用有序数对表示为$(-M,-N)$；C 点在第Ⅱ象限，可以用有序数对表示为$(-M,N)$；D 点在第Ⅳ象限，可以用有序数对表示为$(M,-N)$；E 点在 Y 轴正向上，与 N 点重合，可以用有序数对表示为$(0,N)$；F 点在 Y 轴负向上，与 $-N$ 点重合，可以用有序数对表示为$(0,-N)$。

那么，将这些点对照起来，我们就可以推演出“对”字句肯定式和否定式可能存在的多种对应关系，首先必须满足的一个前提条件就是两个相对应的点一定分别对应 Y 轴的正向和负向，只有这样才能保证语法形式上的肯定和否定，因此只能是第Ⅰ象限和第Ⅱ象限的点与第Ⅲ象限和第Ⅳ象限的点对应组合，不能出现第Ⅰ象限和第Ⅱ象限对应组合、第Ⅲ象限和第Ⅳ象限对应组合的情况。因此，我们以 X 轴为对照线，将 A、C、E 点分别与 B、D、F 点对应起来，运用演绎法可以推演出“对”字句肯定式和否定式在语义上的对应情况。

表4-1　肯定式和否定式语义对应情况演绎对比表

序号	肯定式	否定式
1	$A(M,N)$	$B(-M,-N)$
2	$A(M,N)$	$F(0,-N)$
3	$A(M,N)$	$D(M,-N)$
4	$C(-M,N)$	$B(-M,-N)$

续表 4－1

序号	肯定式	否定式
5	$C(-M,N)$	$F(0,-N)$
6	$C(-M,N)$	$D(M,-N)$
7	$E(0,N)$	$B(-M,-N)$
8	$E(0,N)$	$F(0,-N)$
9	$E(0,N)$	$D(M,-N)$

如表 4－1 所示，理想化的“对”字句肯定形式与否定形式可以有九种对应情况，但是实际语言中却不能全部出现。我们所观察到的实际情况见表 4－2[①]。

表 4－2 肯定式和否定式语义对应情况实际对比表

序号	肯定式	否定式
1	$A(M,N)$	$B(-M,-N)$
2	$A(M,N)$	$F(0,-N)$
5	$C(-M,N)$	$F(0,-N)$
6	$C(-M,N)$	$D(M,-N)$
7	$E(0,N)$	$B(-M,-N)$
8	$E(0,N)$	$F(0,-N)$

接下来，我们就来解释一下表 4－1 中的 3、4、9 组为什么不会在“对”字句的肯定式和否定式中对称出现。

第 3 组是 $A(M,N)$ 和 $D(M,-N)$ 相对，表示肯定句为积极义，否定句也是积极义。这是不符合常理的，对积极义进行否定，最常规的情况是可以得到消极义，如“对……喜欢”和“对……不喜欢”。也可以获得中性义，如“对……有高见”和“对……没(有)高见”。但是，却无法获得积极义。因此，这种情况是不符合逻辑的，不会出现。

第 4 组是 $C(-M,N)$ 和 $B(-M,-N)$ 相对，表示肯定句为消极义，否定句

① 为了与上一个表格对比，表格中的序号我们不做改变。

也为消极义。同样,这也是不符合常理的。对消极义进行否定,最常规的情况是可以获得积极义,如“对……害怕”和“对……不害怕”。也可以获得中性义,如“对……嫉妒”和“对……不嫉妒”。但是,却无法再次获得消极义。因此,这种情况也是不会出现的。

第9组是 $E(0,N)$ 和 $D(M,-N)$ 相对,表示肯定句为中性义,否定句为积极义。能够得到积极义的情况有两种:一种是词语本身带有积极义,并且出现在肯定句中;另一种情况是词语本身带有消极义,出现在否定句中,负负得正,获得积极义。但是如果是中性词0,否定后就成为－0,依然无法获得积极义。因此,这种情况也是不会出现的。

下面,我们还是运用平面直角坐标系的方式来展示这种点与点相对的情况,能够更直观地比较出其中的差异。

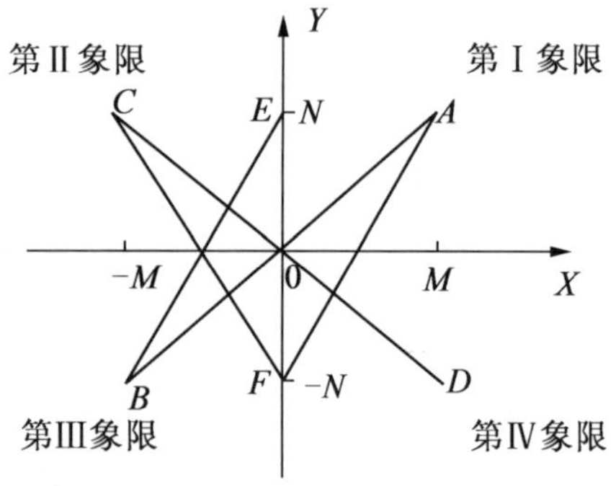

图4－2　语法语义结合情况展示图

在图4－2中,我们可以直观地看到,A 点作为积极义的肯定句,能够与 B 点消极义的否定句相对,也能够与 F 点中性义的否定句相对,但是不能与 D 点积极义的否定句相对。C 点作为消极义的肯定句,能够与 D 点积极义的否定句相对,也能够与 F 点中性义的否定句相对,但是不能与 B 点消极义的否定句相对。E 点作为中性义的肯定句,可以与 F 点中性义的否定句相对,也可以与 B 点消极义的否定句相对,但是不能与 D 点积极义的否定句相对。如果只从图形的形状来看,我们会发现,如果没有 BE 这条线,这是一个轴对称图形,也就是说其中的肯定句、否定句与语义的对应关系都会体现出对称性,但是多了 BE 这条线后，就变得不对称了，但这恰恰可以说明，我们真实的语言就是不对称的，语言研究的任务就是发现这种不对称，记录下来，并尝试解释其原因。

“对”字句肯定式、否定式与语义的积极、消极的对应情况见表4－3。

表4－3 肯定式和否定式语义对应情况举例汇总表

序号	肯定式 否定式	例句
1	$A(M,N)$	上司对他的工作很满意。(肯定句——积极义)
	$B(-M,-N)$	上司对他的工作不满意。(否定句——消极义)
2	$C(-M,N)$	他对敌人很害怕。(肯定句——消极义)
	$D(M,-N)$	他对敌人不害怕。(否定句——积极义)
3	$A(M,N)$	我对他有爱慕之心。(肯定句——积极义)
	$F(0,-N)$	我对他没(有)爱慕之心。(否定句——中性义)
4	$C(-M,N)$	他对我有敌意。(肯定句——消极义)
	$F(0,-N)$	他对我没(有)敌意。(否定句——中性义)
5	$E(0,N)$	磁场对Y射线产生影响。(肯定句——中性义)
	$F(0,-N)$	磁场不对Y射线产生影响。(否定句——中性义)
6	$E(0,N)$	防控中心对可能出现的疫情进行预防。(肯定句——中性义)
	$B(-M,-N)$	防控中心没(有)对可能出现的疫情进行预防。(否定句——消极义)

表4－3中表现出的就是“对”字句语法形式与语义结合的多样性情况。第1组表示“对”字句语法形式是肯定式时，语义也表现出积极义；语法形式是否定式时，语义也表现出消极义。第2组表示“对”字句语法形式是肯定式时，语义表现出的是消极义；语法形式是否定式时，语义表现出的却是积极义。第3组表示“对”字句语法形式是肯定式时，语义表现出的是积极义；语法形式是否定式时，语义表现出的只是中性义。第4组表示“对”字句语法形式是肯定式时，语义表现出的是消极义；语法形式是否定式时，语义表现出的也是中性义。第5组表示“对”字句语法形式无论是肯定式还是否定式，语义对应的都为中性义。第6组表示“对”字句语法形式是肯定式时，语义表现出的是中性义；语法形式是否定式时，语义表现出的是消极义。

第1组和第2组反映的语法形式和语义的对应关系是最明显的，但是有些“对”字句的肯定式和否定式从语义上来看，并不是绝对的反义，而是构成“积极义——中性义”或“否定义——中性义”的相对关系，第3组和第4组反映出的就是这种情况。还有的“对”字句没有明显的积极和消极的语义特征，肯定式和否定式体现出来的都是中性义，这是第5组体现的情况。另外，还有一种不常见的情况就是肯定句表现出的是中性义，而否定句则体现出消极义，即第6组所体现的情况。

总而言之，“对”字句的语法形式和语义之间不是简单的一对一关系，其中表现出了复杂的多样性内容。

第四节　韵律句法对“对”字句肯否形式的影响

汉语词汇一直秉承“以四言为正，以偶为佳”的原则，因此，无论是“对……不满意”“对……不满”的这类“不X”型黏合双音节词语，还是四字格成语、四字格固定语“不X不Y”，以及上文提到的“形式动词＋O_V”、“不＋加以”合成为“不加”、“不＋予以”合成为“不予”等在“对”字句中的变化，都体现了韵律句法[①]的作用。

Zec和Inkelas(1990)最早提出“韵律控制句法”的观点，并且认为通过韵律和句法互动系统中的过滤模型(filter modle)，韵律有权力删除那些合乎句法规则但却违背韵律规则的句子。[②] 冯胜利(2013)提出了韵律对句法的几条作用：①韵律可以破坏句法，即打乱原有的成分结构；②韵律可以征服句法，使非法变成合法；③韵律可以制约句法，使合法变成非法；④韵律可以“硬用”句法，在句法不能运作的禁区，迫使句法发生效力；⑤韵律可以改变句法，使原来的词序发

① 韵律句法学(prosodic syntax)是以当代韵律音系学和形式句法学为工具而构建的一种“语音－句法”交互作用的界面理论。“形式句法学”与“传统句法学”的区别在于：传统的切分法是线性或平面结构，而当代的句法结构是立体的层级结构(hierarchical structure)，它在区分不同的运作层面(level of operation)时，有一套可供操作的原则(principles)和参数(parameters)。相关内容详见冯胜利、王丽娟(2018：2)。

② 转引自冯胜利、王丽娟(2018：102)。

生位置上的变化或使原来的句法成分发生性质上的演变;⑥韵律可以引进句法,激发语言增加新的句法形式。可见,韵律对句法发挥着不可低估的作用。

“形式动词 + O_V”在 B 式否定句中的变化,就很好地体现了韵律语法的第二条作用。“对……不予以”是不成立的,但是变为“对……不予”就可以成立了,从三音节的“不予以”转变为双音节的“不予”,体现了汉语韵律的作用。冯胜利(2013)还认为,双音是最小的音步,称为标准音步。它有构词性,能控制词法的运作,它还在语体中发生作用,表现出明显的庄雅性(庄重典雅性)特点。[①]这种语体特征,正好与形式动词“对”字句的语体特征符合,因此,受韵律影响,“不予”“不加”作为双音节的最小音步,改变了其在 B 式否定句中不可出现的情况。

“对……不 + MN”到“对……不 M”(“对……不满意”到“对……不满”)的变化,则体现了第五条作用。“对……不 + MN”是“对……MN”的否定形式,因此“不 + MN”是以短语的身份出现的,黏合为“不 M”后,由三音节转变为双音节,“不”由词降级为语素,“MN”只取单音节语素 M,N 丢失,从而黏合成“不 M”。虽然语义没有变化,但是句法单位的性质发生了改变:由短语变为词。由此,“对……不 M”成了词内否定,而不是句内否定,而词义决定了不可再添加否定词,即语法上不具有否定形式,形成“对”字句肯定式与否定式的不对称。而且,有的语法单位的功能也发生了变化。例如,“满意”为动词,“不满意”为动词性短语,但是“不满”却是形容词。可见,句法成分的变化与韵律有一定的关系。

我们在第二章中曾谈到“对”由动词到介词的演变问题,从冯胜利(2013)的韵律句法理论中也可以得到一些解释。介词“对”最早出现在东汉,是因为汉朝以后出现了汉语的一大特点——核心重音[②]后移。核心重音后移,致使介宾

---

① 参见冯胜利(2013:100)。

② 核心重音(也叫普通重音),在汉语里是通过主要动词实现的。核心重音不是对比重音,也不是特殊焦点重音,更不是说话的语调。核心重音(nuclear stress,NS)是语句“广域”焦点(或宽焦)下的“自然重音”(不受任何狭域焦点影响的重音格式)。参见冯胜利、王丽娟(2018:12)。

附加语(adjunct)前移,同时也把[[VP1][VP2]]中的[VP1]固定在非焦点的位置之上,所以 V1 易于虚化为介词。这种动词到介词的演变绝不可能出现在[VP2]里,因为[VP2]是焦点,是核心重音的位置。① 所以是韵律促使句法发生了变化。

第五节　本章小结

本章我们首先考察了肯定性“对”字句与“不对……”式(A 式)否定性“对”字句的异同。当“Z”为言说动词、“形式动词 + O_V”、“存现动词 + O_N/O_V”时,“对”字句的肯定形式与 A 式否定句都存在,二者的使用是对称的。当言说类动词重叠,带有数量补语、动态助词时,只有肯定性“对”字句存在,没有 A 式否定句。当“Z”部分为“有 + NP”时,没有对应的 A 式否定句。如果出现“不对……有 + NP”形式的“对”字句,是因为具有对举句式、虚拟句式,或者在“不对……”前添加了否定性副词“从”“并”等允准条件。当“Z”为表情体态 VP 时,也没有对应的 A 式否定句。只有在“低头”出现隐喻用法时,才会出现 A 式否定句。本章还论述了在非现实范畴下的 A 式否定句成立的具体允准条件。特别针对“微笑”“笑”“哭”等词语的肯定、否定使用情况做出了对比分析。当“不对”前的成分具有周遍义、动词宾语或补语表示最小量、“不对”前出现“绝”“决”“并”“从”等副词时,只有 A 式否定句,没有对应的肯定句。

其次,考察了肯定性“对”字句与“对……不”式(B 式)否定句的异同。当“Z”为言说类动词、“存现动词 + O_N/O_V”、部分“形式动词 + O_V”、心理活动或感知类动词、“判断动词 + O”、“能愿动词 + VP”和情感态度类、事件评价类 AP 时,肯定句与 B 式否定句在使用上是对称的。但是并不是所有的肯定性形式动词“对”字句都有相应的 B 式否定句。有些在转换为 B 式否定句后,可接受性低,有些在转换时需要兼顾语音方面的要求,对词形做出适当调整。当 VP 为重叠式、带有助词或补语等复杂形式时,没有对应的 B 式否定句。当“Z”为“有 +

① 参见冯胜利(2013:4)。

NP”时，没有直接对应的 B 式否定句，但是可以增加情态动词，使句子成立。“不 X”型词语构成意义否定、形式肯定的“对”字句，不再有相应的 B 式否定句。当介词“对”的宾语具有周遍义，而且与副词“也”同现时；当副词“又”与否定词同现时；否定性副词“并”“从”“决”“绝”出现在否定词“不”前时，B 式否定性“对”字句没有对应的肯定句。

“对”字句的肯定式与否定式在语法语义结合的过程中，呈现出语法与语义的积极、消极义多样性对应的情况。有些“对”字句语法形式是肯定式时，语义表现出积极义；语法形式是否定式时，语义表现出消极义。有些“对”字句语法形式是肯定式时，语义表现出消极义；语法形式是否定式时，语义表现出的是积极义。有些“对”字句的肯定式和否定式从语义上来看，并不是绝对的反义，即不是“M”和“$-M$”的关系，而是“M”和“0”或者“$-M$”和“0”的关系。还有的“对”字句没有明显的积极和消极的语义特征，肯定式和否定式体现出来的都是中性义。另外，还有一种不常见的情况就是肯定句表现出的是中性义，而否定句则体现出消极义。我们借用数学上的平面直角坐标系，设定了 X 轴为语义轴，Y 轴为语法轴，对这一多样性的呈现进行了图解与说明。

最后，运用韵律句法理论中的“韵律可以征服句法，使非法变成合法”和“韵律可以改变句法，使原来的词序发生位置上的变化或使原来的句法成分发生性质上的演变”这两条原则，对“形式动词 $+ O_V$”在 B 式否定句中的变化问题、“不 X”型词语的演变与运用问题和“对”由动词到介词的演变等问题做出了解释与说明。

第五章 “对……(Neg)VP/AP”的隐喻和转喻功能研究

我们在第二章中提到谓语“Z”部分为一些体态动作类词语时,除了表示真实的动作,它们在“对”字句中还具有隐喻和转喻的功能。第三章中出现的“对……不客气”、第四章中的“对……不利”也都具有转喻功能。这些“(Neg)VP/AP”在实现其隐喻、转喻功能时都涉及至少关联一个相关的对象,需要由介词“对”引出,换句话说,这种隐喻和转喻功能的实现一般需要介词“对”的参与,才能更好地表达完整语义。我们将其统称为“对……(Neg)VP/AP”的隐喻和转喻功能。特别是“不客气”,只有在“对”字句中才具有转喻功能。由于“对……不客气”的情况较为复杂,能够典型地展示出“对”字句中存在的转喻现象,因此我们以此为例,进行详细的个案分析。本章的任务就是对“对”字句中出现的隐喻、转喻现象进行分析与说明。

第一节 隐喻和转喻的相关研究

一、隐喻的相关研究

关于隐喻的定义,目前广为接受的是 Lakoff 等给出的:不同的高级经验域(superordinate experiential domains)中两个概念之间的映射(Lakoff 和 Turner,1989),将源域的特征映射到靶域,或者说靶域的概念可以通过源域来理解。隐喻产生的基础是相似性。[①]

随着认知语言学的发展,Lakoff 和 Johnson(1980)的《我们赖以生存的隐喻》引发了语言学认知论的革命。Lakoff 认为,隐喻存在于我们生活中的每个角落,隐喻的作用就是可以实现不同领域的相互映射,从而进行有效的推理。而且人类概念系统的形成与隐喻有着很大的关系,隐喻就是让人们通过已知事物的特点,对未知事物加深了解。Lakoff 和 Johnson(1980)认为,所有的隐喻都可以被看作是概念隐喻(conceptual metaphor),分为三种:结构隐喻(structural metaphor)、方位隐喻(orientational metaphor)和本体隐喻(ontological metaphor)。其中结构隐喻是最常见的概念隐喻的类型,它通过结构映射(structual mapping)的方式将源概念(source concept)的结构整体映射到目标概念(target concept)上,源概念所在的认知域称为始源域(source domain),目标概念所在的认知域称为目标域(或靶域)(target domain)。[②] 人们通过熟悉的始源域的映射,来了解目标域的目标概念。

束定芳先生曾有多篇文章和著作对隐喻理论进行了介绍并提出了一系列细则。例如,在《隐喻研究的若干新进展》(2017)中,对概念隐喻的不断深化做出了评价,包括隐喻的层次性、隐喻与语境、在广告中的应用、在交际中的应用等多个方面。介绍了国外研究动态,还对多模态隐喻研究和隐喻的研究方法等进行了介绍和评价。

胡壮麟先生的《认知隐喻学》(2004)将隐喻的实质概括为替代论、比较论、互动论和创新论几种类型 ,介绍了一些著名的隐喻学理论观点,并对传导隐喻、概念隐喻、基本隐喻、诗性隐喻和根隐喻分别做了介绍。从言语行为理论、联想、类推、逻辑、符号学、计算理论等方面介绍了对隐喻的理解,并从文学、语法等方面谈了隐喻的应用问题。

王文斌的《隐喻的认知构建与解读》(2007)在胡壮麟(2004)的基础上对隐喻的实质进行了补充:映射论和概念合成论。书中对始源域的实现方式进行了详细的分析,并对施喻者和受喻者是如何实现隐喻的过程进行了论述,还对隐

---

① 转引自张辉、卢卫中(2010:31)。

② 赵亮(2017:109)。

喻主体自洽的认知相似性和认识凸显等问题也做出了有益的说明。

孙毅的《认知隐喻学多维跨域研究》(2013)一书从认知隐喻的理论建构、认知隐喻学的多维视角考察和认知隐喻学的跨学科、跨领域探索等几个板块对认知隐喻学进行了全面而系统的介绍、分析与研究。理论建构部分在前人的基础上又补充了概念整合理论、隐喻的基础——体验哲学和认知隐喻的文化维度。在多维考察中对身体隐喻、情绪隐喻、情感隐喻、通感隐喻、时间隐喻、颜色隐喻、动物隐喻等都详细举例进行了论述。跨学科的研究从习语隐喻、语法隐喻、转喻、外语教学和翻译等领域探讨了它们与隐喻的关系与联系,是一部可以全面了解隐喻理论并体会其实际运用的优秀著作。

除了语言学方面的研究,隐喻在文学作品方面的研究及外语翻译和教学方面的研究也有丰富成果,鉴于篇幅,就不在这里展开介绍了。总体而言,国内的隐喻研究正朝着将国外理论的介绍与汉语本体结合的方向发展。

二、转喻的相关研究

(一)修辞学方面的研究

1932年,陈望道先生的《修辞学发凡》中提出了“借代”的修辞格,并且对其进行了细致的分类。当代的修辞学研究,如张弓、王希杰、吴礼权、王德春、池昌海、刘大为等学者在各自的修辞学著作中也多沿用了“借代”这一术语。因此,转喻的早期研究主要是在修辞学领域进行的,虽然成了一个独立的辞格,但是仅从分类、归类、表达效果等角度进行研究,也体现出一些局限。

(二)认知语言学方面的研究

随着认知语言学的发展,国外的转喻研究开始转向认知领域。Lakoff(1987)认为转喻是理想化认知模式(Idealized Cognitive Model,ICM)的一种形式,即给定一个含某些背景认知(如机构位于某个地点)的ICM,其中两个成分A和B之间是一种“替代”关系,这种替代关系使得ICM的一个成分B能够替代另一个成分A。在这种情况下,B就相当于“地点”,A相当于“机构”,我们将这种含替代关系的ICM称为转喻模型。转喻是在一个认知域中的概念映射(conceptual mapping)。

Langacker(1993)认为,转喻是一个认知参照点现象(cognitive reference point phenomenon),而认知参照点是人类的一种基本的认知能力。Langacker曾用“夜空现象”(night-time sky)来解释认知参照点。如何在满天星斗中找到一颗想要的星星?观察者,即概念化者首先要确定一颗明亮的、凸显的星,即参照点(reference point),然后以其为出发点,来找到想要的星,即目标(target),这一识解过程是一个认知过程。[①] 参照点就是话语中凸显的成分,由参照点建立起一个语境,在此语境内,说写者或听读者对话语中其他不那么凸显的概念实体产生概念可及。转喻词语指定的实体作为一个参照点,为被描述的目标提供心理可及(mental access),并同时把听读者的注意力引导到目标上。[②]

Radden和Kövecses(1999)指出,转喻是一个概念现象和认知过程,并且在ICM内运作。他们把转喻定义为:一个认知过程,在这一过程中,一个概念实体或载体(vehicle)为同一ICM内的另一概念实体或目标提供心理可及。[③]

国内的转喻研究,能够将汉语语料与理论结合的,最早是沈家煊先生的《转指和转喻》,沈先生提出了语法转喻的概念,并且论证了汉语中的“的”字结构转指中心语的现象就是语法转喻。沈先生在该文中还提出了转喻的认知模型,运用显著度和认知框架等理论分析了“的”字结构。后来徐盛桓先生又有多篇文献对转喻理论进行了研究,特别是《转喻与分类逻辑》一文,认为转喻是类的转换,转喻的运用首先必须建立在人们对事物的一般分类具有约定俗成认识的基础之上。按照生成整体论的观点,事物是以整体存在的,并以整体呈现在人们的眼前,例如某一物品,就包括了这一物品的外部物理状态、形状特征、内部质料、结构构成、功能、来源,甚至某种语言对它的称呼,等等,即全部的内涵和外延的特性甚至细节。这就使得人们对事物的认识会“横看成岭侧成峰”,从而在利用事物的关系进行转喻时就不一定按通常的类层级结构中某事物的表面的上下位关系,而要做出调整和整合。[④]

① 王寅(2005)。

② 参考张辉、卢卫中(2010:14)。

③ Radden和Kövecses(1999:21),转引自张辉、卢卫中(2010:14)。

④ 徐盛桓(2008:97)。

近些年还有一些专著和博士论文也体现了国内转喻研究的新局面。张辉、卢卫中的《认知转喻》(2010)一书较全面地介绍了国外的转喻理论,对于转喻的本质和分类问题从不同角度进行了说明。该书还探讨了转喻和隐喻的关系,转喻与汉语构词、转喻与委婉语的构成、转喻与语法的认知理据等几个问题。并且将问题延伸到语用、语篇、文学与翻译领域,从完形心理学、关联理论、言语行为理论、事态场境、语篇衔接等角度对转喻相关的问题展开了全面的分析与探索。唯一的遗憾是书中用例多为英语,在贴近汉语语言事实方面还有所欠缺。

吴淑琼的《基于汉语句法结构的语法转喻研究》(2013)一书不仅全面地对语法转喻产生的动因、本质特征、功能、始源的实现方式和语法转喻的操作机制、运作模式、操作过程等相关理论做出了全面的说明,而且能够以动结式、形容词谓语祈使句及动宾结构中宾语变换等汉语语法现象为例,深入说明其中存在的语法转喻过程,拓宽了汉语语法转喻研究的新视野。

范振强的《具身认知视域下的转喻动态构建机制》(2014)与以往转喻研究的不同点就是提出了“动态构建”。该书认为以往的转喻研究都是从受话者角度进行的,然而会话过程中发话者才是转喻生成和动态构建的主体,从发话者角度考察转喻生成的认知机制是一项紧要任务。因此,该书重点研究了转喻生成的动态性和构建性及生成过程中涉及的认知和语用因素,克服认知语言学静态表征观和被动激活观的局限,着重体现认知主体对言语交际的积极能动参与及交际的诸多身体经验因素,从而使解释更加有说服力。

另外,李勇忠的《语言转喻的认知阐释》(2004)、杨成虎的《语法转喻的认知研究》(2008)、胡方芳的《现代汉语转喻的认知研究》(2008)、江晓红的《转喻的认知语用研究》(2008)、黄洁的《基于参照点理论的汉语隐喻和转喻名名复合词认知研究》(2009)等多篇博士论文都是近些年在转喻方面取得的成果。

目前,国内的转喻研究正处于从对国外理论的解读到对汉语现象的解析的过渡阶段,还有待挖掘更多的汉语语言事实,对其展开理论分析。在对国外理论消化理解的基础上,紧密结合汉语语言事实,才是国内转喻理论发展的新方向。下文将以“对……不客气”为例,进行转喻功能的个案研究。

三、隐喻与转喻的互通性运用

Lakoff 和 Johnson(1999)用转喻来解释我们所在的文化中一些基本的概念隐喻的本质。很多概念隐喻都可以用经验中的相互联系来解释。Radden(2000)认为,转喻为隐喻的两个概念域提供了相关的、有理据的连接。在转喻-隐喻连续体中,转喻和隐喻分居两端,中间地带则是基于转喻的隐喻。Ruiz de Mendoza(2000)也分析了从隐喻到转喻的连续体,区分了两类隐喻和两类转喻,前者研究隐喻是否为认知域提供结构;后者研究源域是靶域的一个次域(source-in-target)和靶域是源域的一个次域(target-in-source)。并提出了从隐喻到转喻的连续体:多重对应隐喻→单一对应隐喻→述谓(predicative)用法的转喻→指称转喻。Deignan(2005)区分了从转喻到隐喻的五个渐变类别:转喻→来自转喻的隐喻→隐喻中的转喻→基于转喻的隐喻→隐喻。[①] 张辉、卢卫中(2010)列举了汉语中和颜色“绿”有关的绿色通道、绿卡、绿色家电、绿色照明、绿色煤炭、绿色消费等,这里的“绿色”都是隐喻用法,源域为颜色,靶域为畅通、节能、天然环保、健康等。但是源域和靶域间有一层邻近的概念连接:绿色能够表示“通畅”,是因为绿色是交通信号灯表示通行时的颜色;指节能和环保也是绿色代表了树木、大自然的颜色。因此,从源域到靶域的映现过程并不是跳跃式的,而是存在着中间介质的,张辉将其概括为蕴涵着一种梯度的升华和提炼,转喻从中起到了桥梁的作用,我们认为这一评价是恰当的。Díez Velasco(2001)给出了隐喻和转喻相互作用的六种模式,我们认为前两种是最基础的:

(1)隐喻源域中的转喻延伸。

图5-1表示在隐域的源域中,首先发生了一次转喻,然后再从已转喻的“靶域X”向“X′”映射,发生隐喻,所以隐喻的源域内包含了一次转喻。

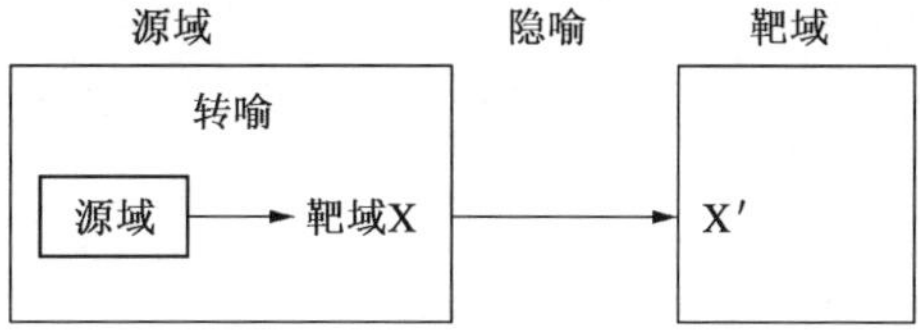

图5-1 隐喻源域中的转喻

① 以上关于国外学者的研究转引自张辉、卢卫中(2010:46-56)。

(2)隐域靶域中的转喻延伸。

如图5-2所示,源域“X”以隐喻的方式映射出转喻的源域作为过渡,然后经过转喻,才产生最终的靶域“X′”。

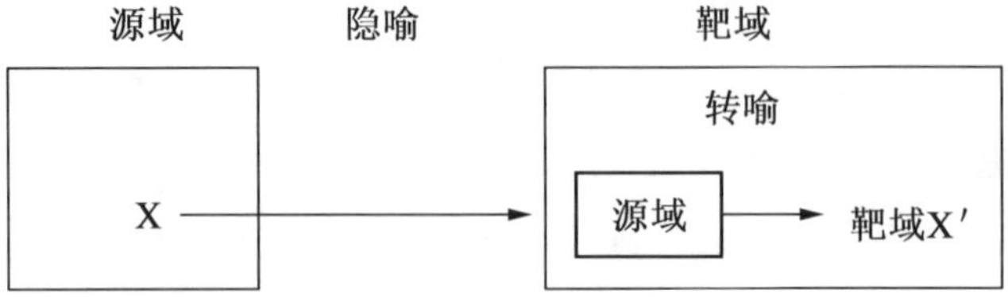

图5-2 隐喻靶域中的转喻

这两种隐喻和转喻相互作用的模式在汉语中也经常出现,我们将在第二节“对……(Neg)VP/AP”隐喻、转喻功能的联合运用中举例说明。

第二节 “对……(Neg)VP/AP”的隐喻和转喻功能

一、“对……(Neg)VP/AP”的隐喻功能

在“对”字句中,当“Z”为表示体态动作类的VP时,如低头、点头、摇头、抬头等,除了可以表示正常的体态动作,还具有隐喻功能。例如:

(1)她留给善良人们的永远是微笑和温暖,但她对邪恶又从不低头,总是敢于挺身而出去制止。(CCL语料库)

例(1)中的“对……不低头”表示“不屈服”的含义,因为人在认错、屈服时往往会做出“低头”的动作,所以来源域“低头”和目标域“屈服”有相似性,由来源域表示动作的“低头”向目标域表示“屈服”的“低头”映射,构成隐喻用法。此例中,如果使用一般的主动宾句,虽然也能表示“低头”的隐喻用法,但是不能给出“低头”的对象;也不能使用“向”字句,因为“向”字句中否定词不能出现在谓语VP或者AP前。因此,如果想体现出心理认知的顺序扫描过程,凸显对谓词部分的否定,就必须在“对”字句的环境下才能实现。试比较:

(2)可她救不了他,不仅因为她的现状,也因为她与他的性格,他们都不可

能向对方低头。(CCL 语料库)

(2′)……他们都不可能对对方低头。

例(2)使用了“向……低头”,从语法角度来讲,完全可以替换为“对……低头”,但是由于所介引的受事宾语为“对方”,考虑到语音上的和谐性,使用“向”更合理。从语法、语义和语用方面来讲,是可以替换为“对”的。我们可以与“向”字句进行对比:

向困难低头。——不向困难低头。——＊向困难不低头。

对困难低头。——不对困难低头。——对困难不低头。

可见,“对”字句的使用更为灵活,否定词的位置可以在谓语前,也可以在介词前,即 A 式和 B 式都可以实现“低头”的隐喻功能。[①]

在实现“低头”的隐喻功能时,“对”字句的“Y”部分,主要具有[－有生][＋抽象]的语义特征,如“对欲望低头”“对权威低头”等,更容易实现“对……低头”的隐喻功能。如果出现具有[＋有生][＋人]特征的词语,如例(2)中的“对方”,也是“对方的态度”“对方的观点”等的转喻用法。

(3)许多观众都对这种八股模式摇头,但为什么还有那么多制片人制、那么多演员演、那么多观众看呢?(CCL 语料库)

(4)梅佐贤坐在长方桌的斜对面,不断对徐义德的话点头。(周而复《上海的早晨》)

(5)随着世界经济的复苏,发达国家对通胀的担心抬头,各国中央银行就主动采取预防性收缩政策。(CCL 语料库)

例(3)中的来源域为体态动作“摇头”,所映射的目标域为表示不同意、不赞成的“摇头”,表示不赞成某事时人们往往伴随着摇头的动作,与体态动作“摇头”具有相似性,所以可以用“摇头”表示“不赞成、不同意”的意思。例(4)与例(3)刚好相反,“点头”是表示赞同的隐喻用法。例(5)中的“抬头”隐喻“重新开始某事”,因为与抬头相对的动作是低头,从低头到抬头,强调动作的变化,改变就意味着与原来不同,因此表示新的开始,来源域与目标域具有动作上的相

① 使用 B 式时,可接受度略低于 A 式,需增加上下文语境或添加副词等,更易成立,如:他对困难从不低头。

似性。此句中"X"部分由国家名称构成,具有[－有生]的特点,很明显不会出现真实的"抬头"这一动作,因此隐喻性更典型。这几例中的"Y"部分"这种八股模式""徐义德的话""通胀的担心"也都具有[－有生]的语义特点。

可见,介词宾语具有[－有生][＋抽象]的语义特征,是此类词语构成隐喻功能的条件之一。因为真实发生的"点头""低头""摇头""抬头"等动作,都不会面向非生命体,即使是[－人][＋有生]这样的语义特征都是很少出现的情况。因此,当"对……(Neg)VP"中满足"Y"和"Z"部分的上述条件时,就可以实现其隐喻功能。

二、"对……(Neg)VP/AP"的转喻功能

还有一些"对……(Neg)VP/AP"具有转喻功能。转喻功能的实现要求来源域和目标域之间具有相关性(邻近性)。例如:

(6)这种教育方式对男孩的成长不利。(CCL语料库)

(7)不要再啰唆了,时间拖长了,将对你不利。若再执迷不悟,俺就要动手了。(李文澄《努尔哈赤》)

(8)如果你不回答,在审问你的时候可能对你不利。(柯南·道尔《福尔摩斯探案集》)

在"对……不利"中,"不利"为形容词,本来用于陈述不利的事件,给出评价,如例(6)是对"教育方式"做出的评价。但是在例(7)、例(8)中,"不利"由评价类陈述功能转喻为提醒、劝说的功能,例(7)中是提醒、劝说"你"不要拖得时间太长;例(8)中是提醒、劝说"你"最好回答问题。这时"对"字句通常以非现实形式出现,例(7)、例(8)均为假设句。"对"介引的宾语多为人称代词或指人名词,其中以第二人称"你"出现的频率为最高。

(9)张年宪拼命甩手,企图挣脱,李小华再次厉喝:"你不要动,再动对你不客气!"(荻风、任秀峰《跨境冒险捉贪官》)

(10)你再啰唆不休,姑娘可要对你不客气了。(金庸《神雕侠侣》)

"不客气"本来表示做事的一种态度,如"他讲话很不客气。"但是例(9)中用来警告要逃跑者不可以动,否则将采取不客气的行为。在例(10)中,"姑娘"

对“你”发出警告,不要“再啰唆不休”,否则将采取不客气的行为。“对……不客气”由态度转喻行为,再通过行为转喻目的(威胁或警告),是一个连续转喻的过程。由于这一问题较为复杂,因此,关于“对……不客气”的转喻功能我们将在第三节中进行个案研究。

能够形成转喻功能的“对……不利/不客气”具有一个共同点,那就是介词“对”所引出的宾语经常为第二人称代词“你”,没有第一人称“我”在其中出现,这是实现转喻功能时对“Y”部分的一个限定。同时,还经常使用非现实范畴来实现转喻功能,也是它们的共性。由于“不利/不客气”都既有动作的发出者,又需要一个动作的承受者,而作为形容词不能够带宾语,因此都需要在“对”字句中实现它们的转喻功能,如果在句中没有出现“对”字结构,也可以在相应的位置补出。例如,“你再偷东西,我就不客气了!”可以补全句子为“你再偷东西,我就对你不客气了!”

三、“对……(Neg)VP/AP”隐喻、转喻功能的联合运用

在“对”字句中,有一些“Z”部分的谓语VP表现出隐喻和转喻联合运用的情况,可以分为以下两类。

(一)隐喻来源域中含有转喻

(11)行为粗鲁的美国士兵企图违反有关规定将啤酒带上地铁,并对一位女士动手动脚。(CCL语料库)

(12)最近外界及有的申办城市对北京说三道四,这不符合奥林匹克原则。(CCL语料库)

(13)村上人对此说长道短,玉儿妈觉得自己丢了脸,几次要撵二呆,不许他再到这庄来。(戴厚英《流泪的淮河》)

(14)有的人对演出质量评头论足,而更多的有心人则关心“义演”后的收入去向。(CCL语料库)

例(11)至例(14)都是隐喻的来源域中首先发生转喻的类型,由部分转喻整体,然后再映射到目标域,发生隐喻。在例(11)中,“动手动脚”转喻“身体接触类行为”,在没有征得同意的情况下强行接触别人的身体,映射为“戏弄、挑

逗、轻薄、非礼”的含义。从我们查到的语料来看,这通常多为男性对女性所做出的行为,因此“X”通常具有[+男性]的语义特征,“Y”通常具有[－男性]的语义特征。在例(12)中,“说三道四”首先转喻“说不靠谱内容”,然后再从来源域“说不靠谱内容”隐喻映射为“胡乱议论”。例(13)中的“说长道短”和例(14)中的“评头论足”也都先转喻为“说的内容”或“评价的内容”,然后再隐喻映射为“议论别人的好坏”或“做出较挑剔的评价”。从语义程度来看,“说三道四”的贬义性最强,其次是“说长道短”,程度最轻的是“评头论足”,而且有时它已经趋于中性表达。例如:

(15)最近,山东省德州市委、市政府组织开展了“媳妇”评“婆婆”活动,让全市工商企业直接对政府各职能部门评头论足,以此评判其贯彻《条例》是否够格。(CCL 语料库)

例(15)中的市委、市政府请“企业”来评价政府各职能部门,不可能是采用贬义,所以可以看成中性词,理解为比较细致的、严格的评价。

这几例隐喻来源域中含有转喻的情况如图 5－3、5－4 所示。

图 5－3 表示“动手动脚”在隐喻的来源域中所发生的转喻。考虑到“说三道四”“说长道短”“评头论足”有一定的相似性,所以放在图 5－4 中统一说明,它们也是在隐喻的来源域中发生转喻。

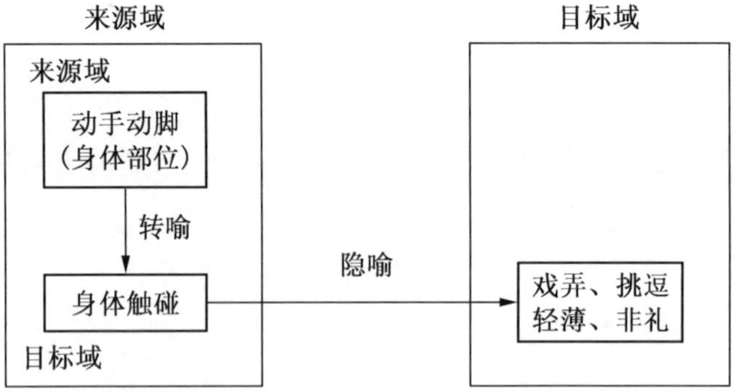

图 5－3　隐喻来源域中含有转喻图示(一)

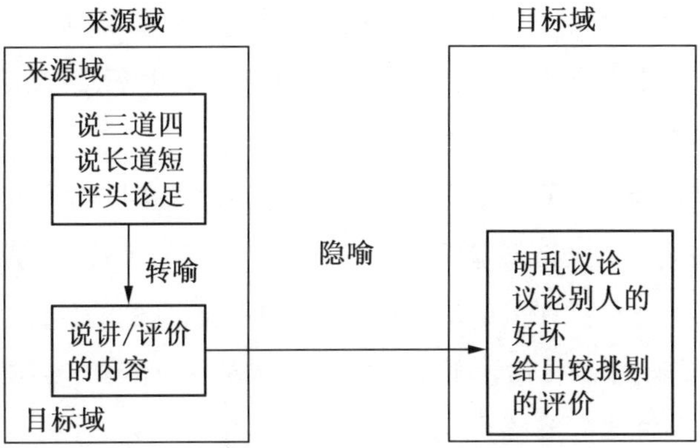

图 5-4 隐喻来源域中含有转喻图示(二)

(二)隐喻目标域中含有转喻

(16)如果你是属于业务方面的工作,只有在别人对你的报价点头时,你才真正在赚钱,其他一切难活儿,都只是准备工作而已。(CCL 语料库)

在例(16)中,“别人对你的报价点头”,并不一定会出现实际的动作,所以这里的“点头”动作首先隐喻为“同意”时所做的动作,再从动作转喻态度,属于隐喻目标域中的转喻延伸。我们可以与上文中例(4)的“点头”进行对比,“对徐义德的话点头”是表示同意“徐义德”所讲的内容,表示“同意”时往往会做出“点头”这一动作,二者具有动作相似性,因此是“点头”的隐喻用法。换句话中,如果实际发生了“点头”这一动作,而且具有一定的含义,如赞同、同意、允许等,那么这就是隐喻用法。而在例(16)中,可能根本没有发生这一动作,只是用“点头”来转指“同意”,二者具有相关性,因此是转喻。另外,这里出现的介词“对”,介引“点头”这一动作的受事对象,不能替换为“向”或“跟”。因为用“向”或“跟”,更强调动作性,也就是需要发生实际的动作时,才使用“向”或“跟”引出动作的受事对象。例如:

(17)道静笑着推开了她,却恋恋不舍地对她频频点头。(杨沫《青春之歌》)

(17′)道静笑着推开了她,却恋恋不舍地向她频频点头。

这里出现的“点头”,是“道静”真的做出了这样的动作,所以既可以用“对”,也可以用“向”引进“点头”这一动作的受事。没有替换为“跟”,是因为

“对”和“向”都带有一定的方向性,“跟”不具有方向性,用在此处不合适。

(18)对某一本书点头摇头,评头品足,都是文坛常事,甚至是人间常事,不一定是坏事情。(CCL 语料库)

例(18)是较为特殊的例子,首先是“点头”和“摇头”连用,隐喻为“赞成或不赞成书中的观点”,进而转喻为“对书中观点的整体评价”。后续出现的“评头品足”与上文分析的“评头论足”具有一致的功能,即隐喻目标喻中发生转喻。所以此例是两种隐喻和转喻联用类型的综合体现,而且句子整体还可以理解为“概念整合”中的“截搭型整合”:“对……点头摇头”＋“对……评头品足”→“对……点头摇头,评头品足”。

(19)美国以人权为借口对中国内部事务指手画脚,理所当然地引起中国政府和人民的强烈不满。(CCL 语料库)

例(19)中的“指手画脚”首先隐喻为“指挥别人做事”,因为在进行指挥时往往会伴随着用手指点,二者动作具有相似性。然后隐喻的目标喻“指挥别人做事”再作为转喻的来源域映射到其目标域“随意发号施令、瞎指挥”,形成具体行为到陈述评价的转喻。有时在使用时,“指手画脚”后边会直接接表示其转喻含义的词语,更强调这种转喻的功能。例如:

(20)你给你爸你妈打打预防针,少到施工现场对人家指手画脚瞎指挥,别回头惹师傅不高兴,不愿意给我们做。(李可《杜拉拉升职记》)

这几例隐喻目标域中含有转喻的情况如图5－5、5－6所示。

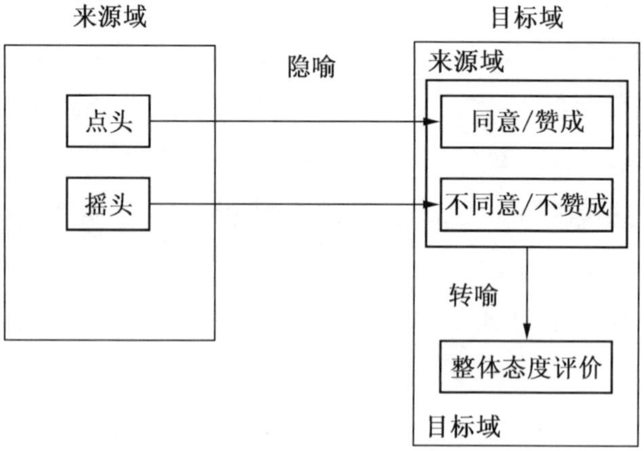

图5－5　隐喻目标域中含有转喻图示(一)

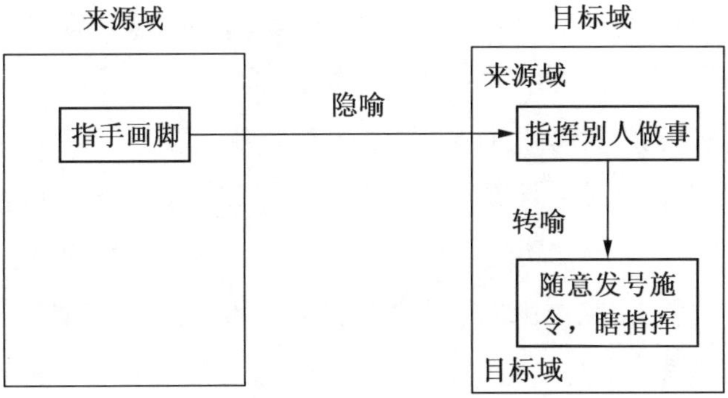

图 5-6　隐喻目标域中含有转喻图示(二)

图 5-5 是关于例(18)的说明,在隐喻的目标域中包含了转喻。“点头摇头”在分别隐喻为“同意”“不同意”后,整体发生转喻,映射为“评价态度”。例(16)中“点头”的用法与此类似,但没有图 5-5 复杂,所以不再给出图示。图 5-6是关于“指手画脚”的隐转喻分析,也体现了在隐喻的目标域中存在的转喻现象。

以上我们所分析的“对……(Neg)VP/AP”具有的隐喻和转喻功能,包括单独的隐喻功能,如“对……点头/摇头/低头/抬头”等,也包括单独的转喻功能,如“对……不利/不客气”等,还有复杂的隐喻源域中包括转喻,如“对……动手动脚/说三道四/说长道短/评头论足”,以及隐喻目标域中包括转喻,如“对……指手画脚/点头摇头”等。这些隐转喻现象的共同特征是“(Neg)VP/AP”在实现其隐喻和转喻功能时都需要联系相关对象,而其后边是无法带上宾语的,需要介词“对”来介引相关对象,因此,在“对”字句中实现隐转喻功能是其成立的条件之一。“不客气”就是一个很有代表性的例子,以下我们就针对“不客气”的功能,做出更全面的个案分析。

第三节　“对……不客气”转喻功能的个案研究

“不客气”作为一种礼貌用语,经常以“谢谢”的答句形式出现。以往对于

“不客气”的研究，多将其与“别客气”进行对比，如曾海清（2009）、汤晓玲（2006）、潘忆燕（2007）等。曾海清（2009）主要从行知言“三域”理论出发，对比分析了“不客气”和“别客气”的差别；汤晓玲（2006）对“不客气”的句法功能进行了描写，从句法、语义内涵、语体功能等方面与“别客气”进行了对比，基本描写出了二者的差别。潘忆燕（2007）主要从“不”和“别”入手，分析了“客气”在其后出现时的不同词性和功能。曾海清（2009）和汤晓玲（2006）在论述的过程中都对“不客气”的语义内涵进行了概括，但是不够全面。胡清国（2010）就“不客气”作为应答感谢语与“别客气”进行对比，论述了这两种感谢应答语的礼貌性强弱问题，并从历时角度探讨了其形成理据。

但是，值得注意的是，除此之外，“不客气”还有其他的语义内涵和语法、语用功能。我们认为，从目前的研究来看，“不客气”的语义内涵论述还有待补充，另外，“对……不客气”具有转喻功能，这是以往的研究都没有涉及的一个问题。因此，下文我们将在全面说明“不客气”的语义内涵的基础上，对“对……不客气”具有的转喻功能、实现转喻功能的句法条件及转喻功能的本质特征展开说明与论述。

一、“不客气”的语义内涵和句法功能

《现代汉语词典》中对“客气”的解释有两种：①对人谦让、有礼貌：说话挺客气|不客气地回绝了他。词性为形容词。②说客气的话；做客气的动作：您坐，别客气|他客气了一番，把礼物收下了。词性为动词。“不客气”有两种理解，一是作为程式语使用，结构已经固化，是致谢语“谢谢”的应答方式；二是尚未固化的否定词“不”修饰“客气”，成为状中关系的短语，表示以下一些含义。

（一）“不客气”的语义内涵

1. 态度生硬，不友好、不礼貌

（21）第一次，学生们对这位局长很不客气，质问北京站火车票都哪去了。（CCL语料库）

（22）喝完咖啡，素心告辞了。尤太太盯住尤烈看，说道：“亚烈，送素心回家。”“不送！”尤烈丝毫不客气。（岑凯伦《八月樱花》）

(23)可惜,如今有许多人,只学会了不客气,中国人礼貌待人的好传统却不会了。(张永和《姜妙香的客气》)

在例(21)中,“不客气”表示“不友好”,从下文中的“质问”一词就可知学生们对局长的态度很不友好;例(22)、例(23)中的“不客气”表示不礼貌。例(22)中尤烈直接说“不送”,对于客人素心而言,是不礼貌的;例(23)中下文提到“礼貌待人的好传统却不会了”,可见学会的是“不礼貌”。

2. 直白、不谦虚、不见外

(24)不客气地说,没有我卖不出去的号!(微信公众号“江湖幕府”)

(25)说句不客气的话,可能主办单位的某些人一开始就把眼睛盯着公家的金库了!(CCL 语料库)

(26)他熟悉这些强壮时髦,脸上带着粗野、残忍的微笑的年轻人,他就是打他们那个年龄过来的。说得不客气,就是一帮小流氓。(王朔《我是你爸爸》)

(27)好的关系,就是彼此不客气。(CCL 语料库)

在例(24)中,“不客气”表示不谦虚的意思,说话人认为自己什么样的号都能卖出去,这是一种不谦虚的表达。在例(25)、例(26)中,“不客气”表示直白、不委婉的意思,直白地指出主办单位存在的问题,直白地说出这群年轻人的身份。在例(27)中,“不客气”表示不见外,人与人之间关系密切的表现就是不见外。

3. 态度严格、不留情面

(28)湖南路有条很不客气的规矩,谁砸湖南路的牌子,就关谁的门。(CCL 语料库)

(29)虎林县有关管理部门面对这种情况,在对生产者进行处罚的同时,对经营者也毫不客气地进行处罚,罚得他们无利可图,从而取得明显效果。(CCL 语料库)

例(28)、例(29)中的“不客气”都表示不留情面的意思,“谁砸湖南路的牌子,就关谁的门”是一条不留情面的规矩;“罚得他们无利可图”是不留情面的处罚。

在前期的研究成果中,共有两篇文章提到“不客气”的语义内涵,汤晓玲

(2006)和曾海清(2009)均将其内涵概括为“不礼貌、不友好、不热情、不留情面”;曾海清(2009)还提到了“不谦让”,但是“不谦让”与“不谦虚、直白、不见外”的含义并不相同,从例(24)至例(27)就可以看出,均不适合换用为“不谦让”。所以,我们认为,对于“不客气”的语义内涵,还需要再补充“直白、不谦虚、不见外”这一项。

(二)“不客气”的句法功能

以上各例中的“不客气”,从句法功能来看,可以充当多种句法成分,如例(21)、例(22)、例(27)中的“不客气”作谓语;例(23)中的“不客气”作宾语;例(24)、例(29)中的“不客气”作状语;例(25)、例(28)中的“不客气”作定语;例(26)中的“不客气”作补语。但是,当“不客气”发生转喻时,只能充当谓语,而且还需要伴随着其他的句法条件才能实现。

从语义内涵来看,无论“不客气”是表示不友好、不礼貌,还是表示不谦虚、不见外、不留情面,均表示的是一种做事的态度。通常情况下,做事的态度总是会决定具体采取怎样的行为去做事。在对“对……不客气”的语料展开分析后,我们发现当“不客气”表示“不留情面”这一态度时,具有从态度转喻行为,再转喻未然惩戒性行为(即惩戒目的)的功能。下面,我们就对此问题展开分析。

二、“对……不客气”的转喻功能研究

我们将对“对……不客气”的转喻用法、句法实现条件和其转喻功能的本质特征进行论述与分析。首先我们要明确的是,“对……不客气”的转喻用法是属于相继性的(successive)[①],来源域和目标域之间存在时间上的先后顺序,是先有了态度,才会付诸行动,继而达到警告或威胁的目的。

---

① 董秀芳(2003a:22)介绍了构成转喻的概念之间的两种关系:共存关系(co-present)和相继关系(successive),如果同一框架中的行动者、活动、工具、客体、地点等处于共存关系中,这种转喻就是共存转喻,因为两个概念之间有共时性。如果两个概念之间具有时间上的先后顺序,如状态、活动或过程与它们的目的、原因、前提、结果等体现的就是相继关系,发生转喻的形式就为相继性转喻。

(一)“对……不客气”的转喻用法

通过对语料的整理与分析,我们发现“对……不客气”[①]的转喻用法具体可以分为以下两种情况。

1. 静态转喻(单次映射转喻):态度→行为

这种转喻之所以称为静态转喻,是因为这主要是从写作者或言谈者的旁白角度进行的结果描述,属于静态叙述性的,事件的主体并不参与其中。因为只有一次来源域到目标域的映射,所以也可以称为单次映射转喻。例如:

(30)本来,天华景的经理还要向侯公子说些致歉的话,可是侯天成一伸胳膊,一下子,就把天华景的经理推到一旁去了;侯天成怎么就这样对天华景的经理不客气呢?(林希《府佑大街纪事》)

(31)警察对这些不法分子也毫不客气,逮捕了9人,另有29人被拘留。(《足球:英格兰球迷滞留慕尼黑继续闹事》北方网2001年9月4日)

(32)他们不能造我的反,造了我的反他们无法从银行里领钱。厂里的人不想得罪我,厂外有人找麻烦的话,我们那里的造反派就会对他不客气,嘿嘿,哪一个造反派不要钱?(陆文夫《人之窝》)

对于例(30),曾海清(2009)曾经从行知言的“三域”理论对其展开分析[②],我们认为其部分观点有待商榷。因为通过上文的描述可知,侯天成的“不客气”体现在“把天华景的经理推到一旁去了”,这已经不单纯是态度的表达,而是直接施行了不客气的行为,因此,我们认为此处的“不客气”已经从态度转喻行为,不是曾海清所说的“表示态度”。在例(31)中,警察的“不客气”在下文中体现为“逮捕”“拘留”不法分子,由此可知,警察做出了不客气的行为,“不客气”由态度转喻行为。在例(32)中,虽然没有在上下文中给出“造反派”具体会怎样

---

① 由于“对……不客气”的转喻用法主要体现在“不客气”语义的变化方面,但是必须与介词“对”组合才能实现这一功能,为了称说方便,下文提到该结构的转喻用法时一律简称为“不客气”的转喻用法。

② 曾海清(2009:52)认为,这里的“不客气”属于知域,是“对人态度不礼貌,不谦让,不热情,不友好”的意思,都是说话人或写作者根据自己已有的知识和经验对人们的言谈行为进行评价,体现了“不客气”的评议功能。

“不客气”，但是根据社会现实语境，即说写者与听读者所了解的历史背景信息可知，在那个年代，造反派会做出怎样一种行为，绝对不会仅仅体现在态度上的“不客气”，而是要采取不客气的行为。而且，从“他们不能造我的反”“哪一个造反派不要钱?”这两处的“不能”和反问语气来看，体现了言者对事情的肯定性表述：要么就是曾经发生过类似的事，“造反派”施行过某种不客气的行为；要么就是一旦发生别人来找麻烦的事，“造反派”一定会施行不客气的行为。因此，这里出现的“不客气”仍然是由态度转喻行为。

这种静态转喻的共同特点是，该事件是言谈者或写作者对不客气行为的一种叙述和评价，因此是静态描述性的，具有评议功能。我们穷尽检索了 CCL 语料库中的相关语料，此类转喻数量不多，仅找到六例。

2. 动态转喻（多次映射转喻）：态度→行为→惩戒（目的）

这种转喻是从发话者的角度出发，体现的是发话者从来源域到目标域的积极的、动态的构建过程，是发话者为实现交际意图而主观实施的动态性的转喻行为。从转喻的过程来看，需要经历两次来源域到目标域的映射，因此也可称为多次映射转喻。① 例如：

（33）张某突然从身后拔出一把菜刀，架在王某的腿上，满脸凶相威胁说：“借兄弟 100 元花花，否则对你不客气！”（CCL 语料库）

（34）如果我们再发现你破坏抗日，我们就对你不客气。（刘知侠《铁道游击队》）

例（33）中的“不客气”既不表示不客气的态度，也不是真的想做出不客气的行为，虽然上文中描述“拔出一把菜刀，架在王某的腿上”，但是这里的“不客气”是以用菜刀对王某的腿部造成伤害作为对王某的威胁，真正要表达的交际意图是“借 100 元花花”。因此，此句中的“不客气”由态度转喻行为，再通过行为转喻威胁（目的）。在例（34）中，虽然没有上下文的说明，但根据听读者的已有背景知识可知，“破坏抗日”是一件特别严重的事情，因此，“对你不客气”并

---

① Ruiz de Mendoza & Peña（2008）根据映射的连续性将语法转喻分为单次映射的语法转喻（grammatical metonymy with single mappings）和带有转喻链的语法转喻（grammatical metonymy with metonymic chains）。（转引自吴淑琼，2013：17）我们赞同这种表述。

不是等待再次发现“你破坏抗日”而对“你”表现出不客气的态度,进而采取不客气的行为,发话者真正的交际意图是告诫“你”不可以再做破坏抗日的事情,因此,“不客气”由态度转喻行为,再转喻警告(目的),是一个动态连续转喻的过程。当然,这一过程,需要整体句子的配合,才能顺利实现。

这种动态转喻的共同特点是发话者主观上根据一定的交际意图(警告或威胁),积极、动态地建构起“不客气”从态度到行为,再到惩戒(目的)的转喻过程。而听话者根据已有的背景知识能够推测出真实的交际意图是警告或威胁听话者做或不做某事。因为不客气的行为并不是该转喻事件的终点,所以这种行为通常都是未然性的,即发话者并不打算真实地去完成一种不客气的行为,而是实现惩戒目的就可以了。

当然,两种转喻也可以同时出现,例如:

(35)我表哥是中原武林中大名鼎鼎的慕容公子,“姑苏慕容”的名头,想来你也听到过。“以彼之道,还施彼身”,你对我不客气,他会加倍地对你不客气。(金庸《天龙八部》)

例(35)中以对举形式前后出现了两次“不客气”,均为转喻用法。第一处“不客气”转喻不客气的行为,属静态转喻(单次映射转喻);第二处“不客气”则由不客气的态度转喻不客气的行为,再转喻警告,属于动态转喻(多次映射转喻)。“我”首先介绍“我表哥是中原武林中大名鼎鼎的慕容公子”,“大名鼎鼎”的言外之意是武功厉害,所以第二处出现的“加倍地对你不客气”,并不是等待“你”对“我”采取不客气的行为后,“表哥”来为“我”报仇,而是警告听话者不要采取不客气的行为,这才是说话者真正的交际意图。

3. 古代汉语中的转喻情况

我们还考察了古代汉语和近代汉语的语料。“不客气”最早出现于明代,到了民国时期才出现“不客气”的动态转喻用法,共有“不客气”的语料 151 条[①],其中只有 4 条是转喻用法:

① 考虑到存在省略介词“对”的转喻情况,所以我们在检索语料时选择了“不客气”作为检索词,这样可以更全面地考察“对……不客气”的使用情况。

(36)她把头一扭,她不愿多看江彬一眼,如果她和他没有那种关系的话,她早对他不客气了。(明 齐秦野人《武宗逸史》)

(37)我女儿本来什么病也没有,你聘她以后,她才双目失明,现在你要是胆敢休了她,别怨我们不客气!(民国 曹绣君《古今情海》)

(38)邓九公确实是不错,让你三招,你要再动手,手足之情绝了,我可对你不客气。(民国 常杰森《雍正剑侠图》)

(39)你快跟我到前山去!不然的话,我对你不客气!(民国 常杰森《雍正剑侠图》)

其中例(36)是静态转喻,例(37)～(39)是动态转喻。相比之下,静态转喻少,动态转喻多。

转喻生成的过程,正是人类认知能力和思维能力的创造性体现的过程,人类能够根据自己的认知经验积极动态地将两个看似无关联的内容构建起邻近性的关系,从而用更经济的方式形成转喻话语进行交流。① 转喻不仅体现了说写者的创造性思维,也体现了听读者的推理性思维。② 同时,在交际中还体现了人类认知过程和信息加工过程中伴随的语用策略。

语言中的常规转喻体现的是人类认知动态建构的结果,以及人类存在认知动态建构的能力,但是转喻现象的多样化,说明不能只局限于现有的转喻类型进行直接对号入座。徐盛桓(2008)认为,有些转喻的指代并不是径情直遂的,而是当中会经过其他事物的嫁接。③ 我们赞同徐先生的观点,转喻的复杂性正体现了这样一种层级关系。“不客气”的第二类转喻就体现了人类认知动态的层层建构的过程,其数量要多于第一类转喻。

---

① 参看范振强(2014:7)。

② Lakoff在《女人、火与危险事物:范畴显示的心智》一书的第五章详细论述了各种转喻模型。他指出,转喻不一定必须是用来指称,也可以用于推理,进而详细论证了转喻的推理功能。

③ 徐盛桓(2008)的论证为,“临川”最后指代“汤显祖写的戏”的路径大体如下:临川→临川人→临川人汤显祖→汤显祖写的戏。一个看似简单的指代中间可能涉及那么多的“嫁接”,必定体现很复杂的层级关系。

(二)“对……不客气”转喻功能的句法实现条件

1. 由介词“对”构成“对……不客气”的语法框架

此框架中的“客气”为形容词,前加副词“不”,构成“不客气”结构,转喻“采取不客气的行为/威胁/警告”。由于“客气”不能带宾语,因此需要介词“对”介引具体的行为或惩戒对象,在没有介词“对”出现的句子中,其实也隐含着“对……采取行动/威胁/警告”的含义,只是“对”隐现了。我们称其为隐含语法框架。例如:

(40)小偷一看软的不行,凶相毕露,恶狠狠地说:“你是干什么的?我俩井水不犯河水,不要敬酒不吃吃罚酒,再不松手,别怪我不客气了!”(赵国庆、王青《文联主席抓小偷》)

(40′)小偷一看软的不行……再不松手,别怪我对你不客气了!

(41)高天民严肃地向吴三流子,以及另外两人说:“你们马上离开这里!若是再来胡闹,俺就不客气了!”(李文澄《努尔哈赤》)

(41′)高天民严肃地向吴三流子……你们马上离开这里!若是再来胡闹,俺就对你们不客气了!

可见,“不客气”具有转喻功能,是在“对……”的框架下才得以实现的,这是“不客气”能够发生这两类转喻的最主要的句法实现条件,是一个必要条件。因为“不客气”无论是转喻行为还是目的,都需要有行为的承受对象或者警告、威胁的对象,而介词“对”的功能正好弥补了“不客气”本身不具备带有行为或目的的承受者这一不足之处。

2. 构成非现实情境

大多数“不客气”表示动态转喻的句子中都会出现一些表示非现实情境的语言单位,有将前后分句关联起来的关联词语“如果/若/要……(就)……”,例如:

(42)我要你说老实话,如果你有半句不实,就对你不客气!(雪克《战斗的青春》)

(43)我和暖暖虽无血缘关系,可我把她看成我最亲的妹妹,你今后若对她不好,可别怪我对你不客气!(周大新《湖光山色》)

(44)李金魁这才又把他松开:“说就快说,你要再敢说一句瞎话,我就对你不客气!痛痛快快地都说出来,宽大你。”(刘流《烈火金刚》)

还有联结后续句的“免得/否则/……的话”等,例如:

(45)他朝人犯细瞧一眼,几地觉得面熟,心中不免惶惶,道:“你是哪路歹人,报上身家性命,免得一开头就对你不客气。”(尤凤伟《石门绝唱》)

(46)高度紧张的钟斌对付玲玲的话置之不理,还威胁说:“你不要再说了,否则,我就对你不客气了。”当付玲玲试图对另一个歹徒做工作时,也没有成功。(CCL语料库)

(47)你知道安娜是我的女朋友吗?你庄重一点好不好,不然的话,我可对你不客气了。(岑凯伦《合家欢》)

(48)你父皇现在在我们的手上,聪明的就乖乖地把玉玺交出来,要不然的话……可别怪我这个做后母的对你不客气了!(刘镇伟《东成西就》)

(49)黄药师:你这个人真是够无赖的啦,你再这样跟着我的话,小心我对你不客气了。(刘镇伟《东成西就》)

这些成分还经常配合“小心(我)、可别怪(我)”等语言单位,共同构成表示条件或假设的复句,形成一种非现实情境。有时句子中虽然没有这类非现实情境的提示性成分,但是也可以根据语感补出。例如:

(50)当手铐向张年宪腕上铐去时,张年宪拼命甩手,企图挣脱,李小华再次厉喝:“你不要动,再动对你不客气!”转眼,张年宪就被押上了吉普。战斗全过程仅仅40几秒。(荻风、任秀峰《跨境冒险捉贪官》)

(50′)……“你不要动,(如果/要是)再动对你不客气!”……

(51)东尼翻开周刊念着:“做梦,谁跟你心心相印,以后你乱放消息,我对你不客气。”(岑凯伦《还你前生债》)

(51′)……(如果/要是)以后你乱放消息,我对你不客气。

例(50)和例(51)中并没有表示假设的词语,但是根据上下文内容可知,这是一种假设性的行为,即非现实的,因此,(50′)和(51′)中补出“如果/要是”等表示假设关系的连词,句子意思并不改变。这些关联词语的使用,使“不客气”呈现在一种非现实情境中,主要体现为动态转喻的情况。这种非现实性刚好印证了动态转喻的本意并非是采取某种不客气的行为，而是以此行为作为警告或威胁，达到惩戒的目的。因为虚拟的内容并不是真实地要付诸行动，所以转喻“目的”时，运用关联词语构成非现实情境，可以为“不客气”的转喻功能提供合理的句法条件支持。

3. 句末经常与“了$_{言}$”配合

“不客气”还经常与语气词“了”配合，共同构成“对……不客气了”的转喻形式。例如：

(52)我妈只是不跟你一般见识，难道便怕了你这糟老太婆？你再啰唆不休，姑娘可要对你不客气了。(金庸《神雕侠侣》)

在例(52)中，语气词“了”与“不客气”配合使用，从行知言的“三域”理论[1]来看，“了”是言域表达，表示宣告，对“不客气”转喻的“威胁”或“警告”的行为进行宣告，使听话者易于解码，从而实现交际意图。语气词“了$_{言}$”经常与“不客气”配合使用，上文的多个例子中都可以见到它的宣告作用，如例(40)、(41)、(46)、(47)、(48)、(49)中都用到了“了$_{言}$”与“不客气”配合。“了$_{言}$”也是动态转喻的句法条件之一，因为“警告或威胁”的目的，配合“了$_{言}$”“宣告”的功能，更易于实现。

4. 其他条件

通过对语料的观察，我们还发现了一些“不客气”具有转喻功能时的其他句法实现条件。

(1)“不客气”在句中只能充当谓语。

当“不客气”表示不友好、不礼貌、不谦虚、不见外、不留情面等含义时，可以充当谓语、宾语、定语、状语、补语，但是“不客气”具有转喻功能时却只能充当谓语。

(2)“不客气”前的主语不能是第二人称。

---

[1] 沈家煊(2003)界定了行域、知域、言域。“行”是现实的行为，“知”是主观的知觉和认识，“言”是用以实现某种意图的言语。肖治野、沈家煊(2009:519)分析了“了$_2$”的行、知、言三域，指出了$_{行}$表示“新行态的出现”；了$_{知}$表示“新知态的出现”；了$_{言}$表示“新言态的出现”。

我们发现，第二人称“你”“您”“你们”等不能出现在“不客气”前，成为句子的主语，只能以介宾的成分出现，是不客气的行为或不客气的惩戒的受事对象。

(3)上下文语境中的提示语。

上下文中经常出现“威胁”“恐吓”“告诫”“警告”等字样。这些词语的出现，正是对“不客气”的动态转喻功能的辅助验证。说明“不客气”没有停留在行为阶段，已经进入了惩戒目的的转喻阶段，所以语境中才会出现与惩戒语义一致的“威胁”“恐吓”“告诫”“警告”等词语。

(4)疑问代词的任指用法与“不客气”配合。

(53)谁对消费者不负责，监管部门对谁不客气。(《部分体检机构“向钱”快跑乱象频发》人民网 2019 年 1 月 4 日)

(54)“蛇头”让他们每人交 15 万元人民币，并称可先交一半，剩下的一半打个欠条，到日本后用赚的钱加利还上。这名“蛇头”还威胁说，谁想赖账就对谁留在国内的家属“不客气”。(张国成《中国偷渡客在日本》)

疑问代词“谁”在以上两例中具有任指的用法，表示“任何人”。例(53)表示监管部门对任何一个对消费者不负责的商家都将采取惩罚措施。例(54)中的“蛇头”威胁偷渡者，任何一个不交钱的人，其家属都将受到安全的威胁。因此，这两例中的“不客气”都是动态转喻，表示一种警告或威胁。

整体来看，在“对”字句中出现，是“不客气”能够具有转喻功能的一个必要条件，两种类型的转喻，都需要介词“对”的介引，才能将实施行为或告知目的的对象明确引出。而在这两类转喻中，“不客气”都是充当谓语的，不作其他句法成分。另外，构成非现实语境、句末“了$_{言}$”的配合、上下文中“告诫”类提示语、疑问代词“谁”的任指用法等，也会使“不客气”的动态转喻功能更明确地表达出来。

三、“对……不客气”转喻功能的本质特征

(一)基于语法转喻的概念转喻

1. 语法转喻(grammatical metonymy)

转喻使用时如果引起句法层面的变化，从而影响到语法单位的语义解释，

那么,这种造成语法后果的转喻就是语法转喻。[①] 语法转喻的核心就是句法语义的变化。“不客气”在非转喻用法中,表示不礼貌、不谦让、直白、不留情面等含义时,从句法角度来看,可以充当谓语、定语、状语、补语和宾语,但是在转喻“不客气的行为”和“不客气的惩戒(威胁或警告)”时,只能充当谓语,可见其能够充当的句法成分减少了。另外,“不客气”发生转喻时,需要进入“对……不客气”的语法框架,[②]这也是非转喻用法中没有的句法限制。因此,我们认为“不客气”的句法功能减弱、受到“对……不客气”语法框架的限制,都属于其在句法层面发生的变化,相应地语义也发生了改变,因此,“不客气”存在语法转喻。

2. 概念转喻(conceptual metonymy)

在认知语言学中,转喻被认为是在一个认知域中的概念映射(conceptual mapping),也就是说,由喻体提供的来源域(source domain)向由本体提供的目标域(target domain)映射,从而形成指称上的替代(stand for)关系。来源域和目标域在某方面具有概念邻近性(contiguity),使得二者之间能够建立起心理上的联想关系(association),相对显著的来源域可以激活(activate)不太显著的目标域。[③]

Panther 和 Thornburg(2007)总结了概念转喻的几个特点:①是在同一个认知域内由来源义为目标义提供心理可及的认知操作过程;②来源义和目标义之间体现为一种或然关系;③目标义是凸显的,来源义趋于背景化;④来源义和目标义之间的转喻连接强度取决于始源和目标之间的概念距离和始源的凸显度。[④]

“不客气”作为表示态度的范畴,可以转喻与其在概念上紧密相关的行为范畴。由于做事时往往需要先有态度才会施行相应的行为,因此,二者具有概念上的邻近性,容易产生心理可及,“态度”范畴可以有效激活“行为”范畴;而从

① 参考张辉、卢卫中(2010:20)和袁毓林(2018:32)。

② 有些为隐含的语法框架,句子表面没有出现介词“对”引导的介宾结构,但是都可以补出。详见例(40)、(41)。

③ 参考张辉、卢卫中(2010:10-20)和袁毓林(2018:31)。

④ Panther & Thornburg(2007:242),转引自吴淑琼(2013:13)。

事每种行为都有其目的性,因此,“行为”范畴与“目的”范畴也具有概念上的邻近性,易于产生心理联想,“行为”范畴可以有效激活“目的”范畴,从而形成转喻用法。如图5-7所示。

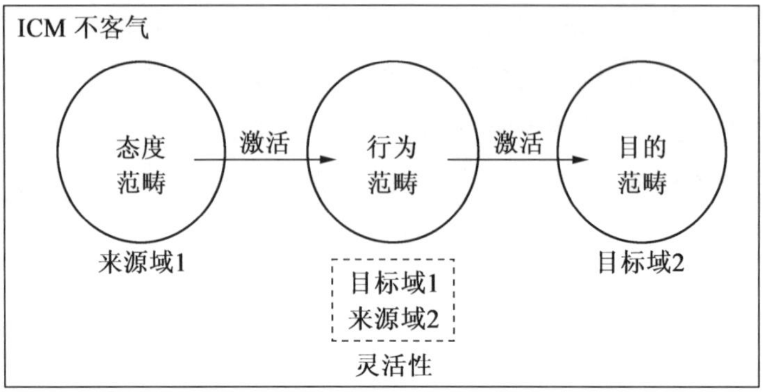

图5-7 “不客气”的转喻用法激活图

图5-7表示“不客气”存在于一个ICM中,来源域1表示态度范畴,较为显著,可以激活目标域1的行为范畴;行为范畴在被激活后,成为新的来源域,相比之下,行为范畴较目的范畴显著,因此作为来源域2,可激活目标域2的目的范畴。行为范畴存在相对显著性,不如态度范畴显著,但又比目的范畴显著,因此具有转喻的灵活性。

Langacker(2008)认为“认知参照点”本身是动态的,它存在两次聚焦,第一次是在心理上激活参照点,使其成为焦点,这就为通达认知域中的其他概念创造了条件,可以激活目标。当目标成为焦点后,认知参照点背景化。因此,可以说认知参照点和目标是处于不同的认知加工过程中的凸显实体。目标凸显后,就又可以为认知域中的其他概念实体提供心理可及,从而成为下一次参照活动的参照点,这样就形成了一个认知参照点关系链(a chain of reference point relationship)。“参照点-目标”关系是一种特殊的心理扫描,该过程沿着认知参照点关系链运动,从而构成转喻链的认知基础。[①]

“不客气”表示不友好、不礼貌、不谦让等的态度范畴,可以通过言辞、语气、

① Langacker(2008:84),参考吴淑琼(2013:87)。

表情等语言及非语言的途径被直观感受到，更易表现和识别，显著度高，在第一阶段成为认知参照点；而转喻“不客气的攻击性、惩罚性行为”的行为范畴则需要通过具体的肢体行为，如打人、用武器等，或者通过具体的命令行为，如降低职务、辞退等途径使受事感受到，所以通过态度范畴的“不客气”为行为范畴的“不客气”提供心理可及，使其成为目标，在该目标被激活后，行为范畴的“不客气”成为新的认知参照点，为第二阶段激活惩戒目的范畴创造条件。转喻“威胁”或“警告”的惩戒目的范畴需要激活受事的主观想象，如通过采取具体的攻击性行为（辱骂、打人、用武器等）、惩罚性行为（进监狱、不能升职、被辞退等）来体会到抽象概念“威胁”或“警告”，即事件得到了概括化。从“态度范畴”到“行为范畴”再到“目的范畴”一一激活的过程，也是沿着认知参照点关系链心理扫描的过程，形成连续的三个概念范畴间的转喻。

因此，“不客气”是基于语法转喻的概念转喻现象，即具有句法实现条件先发生语法转喻，然后从“态度”范畴到“行为”范畴，再到“目的”范畴是连续的概念转喻，从“态度”到“行为”，再从“行为”到“目的”都有概念上的邻近性，具有心理上的联想关系，而“态度”是最显著、最易感知的，所以激活了“态度”，就可有效激活“行为”“目的”，从而实现转喻。能产生此类转喻的前提条件就是必须有接受某种行为或被“威胁”“警告”的对象，体现在语法上就是必须由介词“对”引出受事对象。可见，语用目的必须有相应的语法形式来实现。

（二）基于心智哲学的转喻委婉表达

委婉语的产生和心理认知有关，都是出于某种原因，不能或不便直接表述所要表达的内容，从而换用另外一种表达方式迂回表述出来，如出于礼貌、不便直言的人或物、避免听读者的不好的感受等等。转喻委婉表达也不例外。

刘倩（2014）认为，转喻类委婉语的生成过程是：在开始阶段，语言主体在意向性的定位作用下，对不好直说的事件的物理属性进行选择，形成定向的用例事件，并将其以意象的形式储存于大脑中。然后，在传承阶段，语言主体对上一个阶段储存的意象进行联想和想象等操作，由于主体有在大脑中进行格式塔转换的能力，因此可以将定向的用例事件和记忆中的意象做出基于相邻关系的转换，转换的结果就是形成关于外部事件的具体的“用例”，用例事件得以形成。

“不客气”的转喻用法，特别是其动态转喻的用法，在某些情况下，具有一定的委婉作用。对于一些不便直言的行为，或者考虑到听读者的心理接受情况，而避免使用过激的言辞，言者迅速在大脑中进行联想、转换，最终运用具有表意邻近性的“不客气”来转喻一些不客气的行为，既达到了惩戒的目的，又不会与听读者之间产生较大的对立矛盾，从而顺利完成交际。

试比较：

(55)你再来偷东西，我就对你不客气了！

(55′)你再来偷东西，我就用棍子打死你！

(56)你们再敢打架，我就不客气了！

(56′)你们再敢打架，我就开除你们！

例(55)和(55′)比较，相对委婉一些，虽然对偷东西的人很不满，但只是警告其不要再来偷东西；而例(55′)则可以看出言者非常生气，毫不留情地说出了很重的惩罚措施，虽然这里有夸张的成分，但是也比例(55)要更直接。例(56)和(56′)比较，也体现出委婉的一面，给“你们”留了面子，使用“我就不客气了”只起到了警告的作用，但并没有直接给出具体的惩罚措施。因此，可以看出，“不客气”在言语交际的过程中，可以起到一定的使交际委婉的作用。

从交际策略的角度考虑，使用“对……不客气”的转喻形式，比直接使用“对……进行攻击/惩罚”等更委婉、含蓄，对于交际双方而言，互相保留了面子，有易于交际的进一步完成和实现。如果使用“对……不客气了”的表达形式，那么，句中的“了”还起到预设“现在是客气的”的作用。

（三）基于经济原则下的转喻表达

法国功能语言学的代表人物 Martinet 指出，经济原则能够解释语言单位演变的特点和原因。言语活动中存在从内部促使语言运动发展的力量，即人的交际或表达的需要与人在生理或精神上的自然惰性之间的基本冲突。这种冲突使语言处在经常变化的状态中，同时又总能在成功地完成交际功能的前提下，达到相对平衡和稳定。[①]

① 详见范振强(2014:209)。

Langacker(1993)认为,转喻能够有效地兼顾“信息最大化原则”和“经济最大化原则”,即言语表达要精确地让听话者的注意力能够指向说话者的意向目标,同时,在思维活动和言语活动中,易于将注意力集中在那些引起显著度高的事件上。通过认知参照点,可以让受话者易于从凸显的、容易解码的实体联想到不太凸显的、不易解码的另一个实体。

所以,使用凸显的“不客气”来转喻“不客气的行为”和“不客气的威胁或警告”,避免了使用复杂的语言形式表达较大量的信息,受话者易于解码,达到交际表达的信息需要与人类自然的生理和心理的惰性间的平衡,有效实现交际意图,成功传递交际信息。

而且,在有些语境下,我们发现已经无法还原“不客气”所转喻的具体行为,“对……不客气”就是表现一种警告或威胁,达到惩戒的目的,言者可能自己都没考虑过打算通过什么样的具体行为表现出“不客气”的态度,但是由于“不客气”的转喻功能已经固化在人们的头脑中,所以听话者自然可以去联想一系列不客气的行为,从而理解说话者的话语意图。上文中的例(34)、(35)、(42)(47)都体现了这种变化的可能性。“我要你说老实话,如果你有半句不实,就对你不客气!”此句中所言的“不客气”,就是直接警告“你”要讲实话,“我”并没有考虑如果“你”不讲实话,要对“你”具体实施哪些行为,因此,一层转喻的行为范畴已经变得模糊了。这种转喻情况如图 5-8 所示。

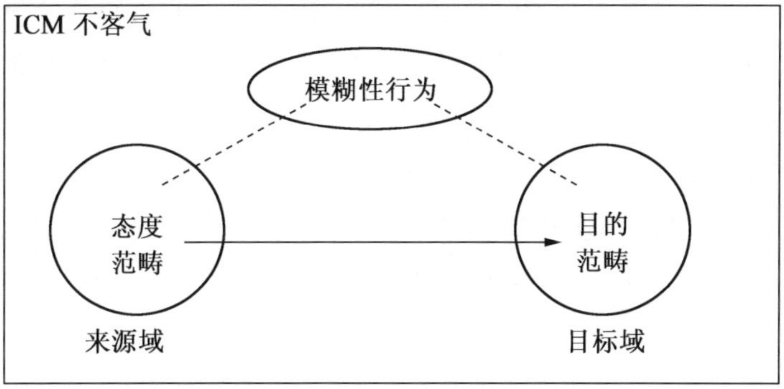

图 5-8 “不客气”转喻用法变化趋式图

如图 5-8 所示,由于行为范畴已从明确性行为演变为模糊性行为,所以

“不客气”转喻惩戒目的有固化的趋势，即正逐渐演变为从态度范畴直接转喻目的范畴，这也正体现了语言的经济原则，在语言使用中不断简化。

语言本身就是具有不完备性的，我们在言语交际的过程中无须将所有的信息都通过语言传递出来，但是依然可以达到所期待的交际效果，语言的经济性体现正是如此。语言经济原则是构成转喻表达的外在动因，转喻的过程不需要使得句子结构变得复杂，却能增加其语义内涵，并且使语言表达更为简练，节省了交际时间。

第四节　本章小结

本章我们对出现在“对”字句中的隐喻和转喻现象进行了分析：

(1)以“对……低头/抬头/摇头/点头”为例，分析了隐喻功能在“对”字句中的运用情况，并与相似介词“向”“跟”中的使用情况做了简单对比，说明在“对”字句中出现是其发生隐喻的条件之一。

(2)以“对……不利/不客气”为例，分析了转喻功能在“对”字句中的运用情况，并与非转喻性的“对……不利/不客气”进行了对比，说明其具有转喻功能的句法条件。

(3)以“对……动手动脚/说三道四/说长道短/评头论足”和“对……指手画脚/点头/点头摇头”为例，分别分析了隐喻始源域中的转喻延伸现象和隐喻目标域中的转喻延伸现象，说明了隐喻和转喻在“对”字句中的共同作用。

(4)以“对……不客气”为例，进行了转喻功能的个案研究，提出了“静态转喻”和“动态转喻”的观点，分析了“对……不客气”形成转喻的句法实现条件，并从“基于语法转喻的概念转喻”“基于心智哲学的转喻委婉表达”和“基于经济原则下的转喻表达”等三个视角论述了“对……不客气”转喻功能的本质特征。

“对”字句所具有的隐喻和转喻功能说明了“对”字句在语言使用中发挥的重要作用，也验证了隐喻和转喻被广泛应用的问题。

结　　语

一、基本结论及创新之处

本书主要在功能、认知语法理论指导下对现代汉语“对”字句进行了全面的研究，分别从肯定性“对”字句、否定性“对”字句、“对”字句肯定式与否定式的对称与不对称、“对”字句中的隐喻和转喻等几个方面进行了多角度的考察与分析。我们将肯定性“对”字句的结构概括为“X + 对 + Y + Z”；两种否定句的结构分别概括为：A 式“X + Neg + 对 + Y + Z”，B 式“X + 对 + Y + Neg + Z”。本文的基本研究结论如下：

(1)肯定性“对”字句中体词性的“X”和“Y”生命度呈现出四种情况：“X”[+ 有生]、“Y”[+ 有生]；“X”[+ 有生]、“Y”[- 有生]；“X”[- 有生]、“Y”[+ 有生]；“X”[- 有生]、“Y”[- 有生]。“Z”的某些转喻功能对“Y”的生命度属性具有一定的限制性。谓词性的“X”和“Y”呈现出一定的指称化特点。我们发现，“Z”的语法准入条件对可能补语的肯定形式“V 得 C”有一定制约，“V 得 C”不能自由进入“对”字句，只有在对举结构中才能进入。

(2)形式动词“对”字句中的形式动词并不是完全无实际意义，而是具有施为做某事的含义，与 O_V 共同构成[+ 施为][+ 单向]的语义特征，全句多表现出主观性、社会性和书面化特征。存现动词“对”字句中的“有 NP”发生语义偏移现象，由中性义偏移为褒义或贬义。而且，我们还发现了“有意思”“有想法”等表示“有爱慕之情”的特殊含义必须在“对”字句中才能得以实现。可以丰富“对……有 NP”的后续研究，为其提供例证。

(3)“Z”能够进入“对”字句的限制条件是：至少能够激活两个参与体；句中

“X”和“Y”的生命度属性需要与“Z”的语义相呼应；如果“Z”为多义词，要考虑其具体义项是否具备进入“对”字句的条件，不能笼统判断多义词整体可以或不可以进入。

（4）根据谓语“Z”的准入情况，“对”字句的否定形式可以分为双式允准型（A 式＋B 式）和单式选择型（A 式或 B 式）。双式允准型否定的内部扫描方式不同；在单式选择型否定中，A 式和 B 式均对准入的谓语“Z”有具体要求，A 式以言说动词、形式动词＋O_V、存现动词＋O_N/O_V 为主，B 式以心理感知动词、情感态度形容词和认知评价形容词为主。但是在对举、虚拟、反问、意志等条件下，可以实现 A 式与 B 式的转换。除了对举是借助形式手段反映意义关联，其他手段都可以直接归为非现实条件。A 式和 B 式的现实、非现实归属体现出一种不对称的扭曲关系。我们还对 A 式和 B 式的凸显方式进行了分析。A 式中的“对”介引言说对象或主动施为言说行为及其他行为，全句凸显出叙述性和方向性；B 式中的“对”介引感知或评价的对象，VP 表示某一对象的内心感受、情感态度、认知评价等，全句凸显出评议性和判断性。

（5）肯定式与否定式 A 和否定式 B 之间分别具有对称和不对称的一面。肯定式中动词重叠、数量补语、动态助词等的使用会影响否定式的出现，否定式中的周遍义成分、动词宾语或补语表示最小量、“绝”“决”“并”“从”等副词的运用也会影响肯定式的出现。因为“不 X”型词语构成意义否定、形式肯定的“对”字句，所以不再有相应的 B 式否定句。

（6）“对”字句的肯定式与否定式在语法、语义结合的过程中，呈现出语法与语义的积极、消极义多样性对应的情况：“肯定句——积极义”与“否定句——消极义”对应；“肯定句——消极义”与“否定句——积极义”对应；“肯定句——积极义”与“否定句——中性义”对应；“肯定句——消极义”与“否定句——中性义”对应；“肯定句——中性义”与“否定句——中性义”对应；“肯定句——中性义”与“否定句——消极义”对应。通过运用平面直角坐标系建立起 *X* 轴（语义轴）和 *Y* 轴（语法轴）的关系，可以更好地理解这种多样性。

（7）通过“形式动词＋O_V”否定式 A 到否定式 B 转变时“不加以”变换为“不加”等情况，验证了韵律句法提出的“韵律可以征服句法，使非法变成合法”

的原则。通过“对……不＋MN”到“对……不 M”（“对……不满意”到“对……不满”）的变化，验证了韵律句法提出的韵律可以改变句法，使原来的词序发生位置上的变化或使原来的句法成分发生性质上的演变的原则。并且，韵律句法可以辅助说明介词“对”演变的原因。

（8）“对”字句中存在一批“对……（Neg）VP/AP”结构，具有隐喻、转喻功能。例如，“对……低头”等表现了隐喻功能在“对”字句中的运用情况；“对……不利”等表现出了转喻功能在“对”字句中的运用情况；“对……动手动脚”等说明了隐喻始源域中的转喻延伸现象；“对……点头摇头”等展示了隐喻目标域中的转喻延伸现象，说明了隐喻和转喻在“对”字句中的共同作用。以“对……不客气”为例进行了转喻功能的个案研究。

本书的创新之处在于：

（1）“对”由回答义动词发展为介引言说对象的介词，再发展为介引非言说对象的介词，不断虚化，介词功能得到不断扩展。我们尝试在“对”的语法化程度、“Z”的动作性强弱和否定词的位置之间建立起一定的序位关联性，发现动作性越弱、“对”的语法化程度越高，否定词就越趋向于位于谓语“Z”前，即以 B 式的形式出现。将三者结合，探讨其中的关联性，以往的研究中尚未见到明确的论说，本书运用语法化理论做出了创新探索。

（2）本书尝试运用认知语言学理论，从心理扫描方式探寻“双式允准型否定”中 A 式和 B 式的差异，并得出“A 式表现为总体扫描，B 式表现为次第扫描”的结论。我们还发现，A 式和 B 式在现实、非现实范畴下体现出一种扭曲关系，这是前人所未进行的研究。

（3）否定式 A 和否定式 B 的识解方式不同，编码方式有异，体现出规约性意象决定的不同句式义。二者的凸显方式不同。如果我们把“对”字句的肯定形式看作是概念基体，那么，A 式和 B 式的不同否定形式则作为不同的表达式侧显了同一基体中的不同次结构。A 式侧显主观意愿，表现为一种意志，全句表现出叙述性和方向性；B 式侧显客观评价，表现为一种态度，全句表现出评议性和判断性。对于 A 式和 B 式凸显方式及句式义的概括，也是本书的首次尝试，前人研究未见涉及。

（4）本书尝试拓宽“对”字句的研究视角，对其中的隐喻、转喻及较为复杂的隐喻始源域或目标域中的转喻延伸现象进行了分析。本书发现了“对……不客气”具有复杂的转喻功能，进行了个案研究，首次提出了“静态转喻”和“动态转喻”的观点，分析了“对……不客气”形成转喻的句法实现条件，并从“基于语法转喻的概念转喻”“基于心智哲学的转喻委婉表达”和“基于经济原则下的转喻表达”等三个视角论述了“对……不客气”转喻功能的本质特征，可以为今后这方面的相关研究提供语言事实和理论方法的参证。

二、研究的不足之处及后续研究方向

本书在研究的过程中，主要对现代汉语“对”字句的基本结构“X＋对＋Y＋Z”中的“X”“Y”“Z”三个部分进行了分析，并结合介词“对”的语义功能，主要考察了其中的相互关联性。在语料检索和分析的过程中，我们发现，“对”字句中存在的隐喻和转喻现象是十分丰富的，不仅“Z”部分体现出隐转喻功能，“X”和“Y”部分也存在。至于隐喻和转喻功能是否只有在“对”字句的条件下才能够实现，隐转喻的类型是否更为复杂，形成机制如何，还有待我们继续深入挖掘、探究。

另外，由于本人阅读外文文献的能力有限，书中许多理论都是转引自中国学者翻译后的理论信息，缺少一手的外文文献阅读过程。今后应该加强学习，提高自身的当代语言学理论英文文献的阅读能力，更好地将其应用于汉语研究。

总之，“对”字句作为现代汉语的重要句式之一，其中还有很多有待研究的有意思的现象，限于篇幅、时间和本人的研究能力，未能在本书中呈现出来，但为我们的后续研究提供了方向和思路。我们希望能够将认知－功能语言学的理论与汉语事实结合得更加紧密，愿为汉语语法的研究添砖加瓦，贡献一份力量。

后　记

本书能够顺利完成,要感谢的人有很多:帮我提出修改建议的老师们,和我一起探讨问题的学友们,帮我做语感测试的学生们,还有在写作过程中给予我鼓励的家人和朋友们,在此表达我真挚的谢意! 谢谢你们!

感谢黑龙江省社会科学学术著作出版资助项目(2021025 - B)的资金支持。

感谢哈尔滨学院博士科研启动基金项目(HUDF2021102)的资金支持。

特别要感谢哈尔滨工业大学出版社的老师对本书的认真校对,使本书可以更好地展现在读者面前。他们的工作,真正体现了哈工大人“规格严格,功夫到家”的求真精神。我于 2004 年结束了在哈工大的学习生活,十多年后,能再次有机会与哈工大出版社合作,也是对青春的一种纪念吧!

吴　泓

2021 年 11 月 8 日

参考文献

A 中文普通图书

[1] 蔡晖. 俄语转喻的认知阐释[M]. 北京:外语教学与研究出版社,2009.

[2] 陈昌来. 现代汉语句子[M]. 上海:华东师范大学出版社,2000.

[3] 陈昌来. 介词与介引功能[M]. 合肥:安徽教育出版社,2002.

[4] 陈昌来. 现代汉语语义平面问题研究[M]. 上海:学林出版社,2003.

[5] 陈昌来. 汉语"介词框架"研究[M]. 北京:商务印书馆,2014.

[6] 陈承泽. 国文法草创[M]. 北京:商务印书馆,1922.

[7] 陈香兰. 语言与高层转喻研究[M]. 北京:北京大学出版社,2013.

[8] 陈信春. 介词运用的隐现问题研究[M]. 河南:河南大学出版社,2001.

[9] 陈一. 汉语语法研究十讲[M]. 北京:中国社会科学出版社,2012.

[10] 范晓,杜高印,陈光磊. 汉语动词概述[M]. 上海:上海教育出版社,1987.

[11] 范振强. 具身认知视域下的转喻动态构建机制[M]. 北京:中国书籍出版社,2014.

[12] 方清明. 现代汉语介词用法词典[M]. 北京:商务印书馆,2017.

[13] 冯胜利. 汉语韵律句法学(增订本)[M]. 北京:商务印书馆,2013.

[14] 冯胜利,王丽娟. 汉语韵律语法教程[M]. 北京:北京大学出版社,2018.

[15] 傅雨贤,周小兵,李炜,等. 现代汉语介词研究[M]. 广州:中山大学出版社,1997.

[16] 郭翼舟. 副词介词连词[M]. 上海:上海教育出版社,1984.

[17] 侯学超. 现代汉语虚词词典[M]. 北京:北京大学出版社,1998.

[18] 何自然. 语用学概论[M]. 长沙:湖南教育出版社,1988.

[19] 何自然,冉永平. 语用与认知:关联理论研究[M]. 北京:外语教学与研究出版社,2001.

[20] 胡壮麟. 语篇的衔接与连贯[M]. 上海:上海外语教育出版社,1994.

[21] 胡壮麟. 认知隐喻学[M]. 北京:北京大学出版社,2004.

[22] 黄伯荣,廖序东主编. 现代汉语(增订六版)[M]. 北京:高等教育出版社,2017.

[23] 黄国文. 语篇分析的理论与实践:广告语篇研究[M]. 上海:上海外语教育出版社,2001.

[24] 金昌吉. 汉语介词和介词短语[M]. 天津:南开大学出版社,1996.

[25] 兰艾克. 认知语法导论(上、下卷)[M]. 黄蓓,译. 北京:商务印书馆,2016.

[26] 兰艾克. 认知语法基础(第二卷):描写应用[M]. 牛保义,王义娜,席留生,高航,译. 北京:北京大学出版社,2017.

[27] 黎锦熙. 新著国语文法[M]. 北京:商务印书馆,1924.

[28] 李福印. 认知语言学概论[M]. 北京:北京大学出版社,2008.

[29] 李桂梅. 形式动词句式与功能的认知研究[M]. 北京:语文出版社,2017.

[30] 李临定. 汉语比较变换语法[M]. 北京:中国社会科学出版社,1988.

[31] 李临定. 现代汉语动词[M]. 北京:中国社会科学出版社,1990.

[32] 李宇明. 汉语量范畴研究[M]. 武汉:华中师范大学出版社,2000.

[33] 李晓琪. 现代汉语虚词手册[M]. 北京:北京大学出版社,2003.

[34] 林忠. 现代汉语介词结构漂移的语用功能解释[M]. 北京:中国社会科学出版社,2013.

[35] 刘丹青. 语序类型学与介词理论[M]. 北京:商务印书馆,2003.

[36] 刘丹青. 语法调查研究手册[M]. 上海:上海教育出版社,2008.

[37] 刘倩. 委婉语研究新论——语言研究的心智哲学视角[M]. 北京:科学出版社,2014.

[38] 刘月华. 实用现代汉语语法(增订本)[M]. 北京:商务印书馆,2001.

[39] 刘顺. 现代汉语语法的多维研究[M]. 北京:社会科学文献出版社,2005.

[40] 陆俭明.现代汉语语法研究教程[M].北京:北京大学出版社,2003.
[41] 陆俭明、马真.现代汉语虚词散论[M].北京:北京大学出版社,1985.
[42] 陆俭明,沈阳.汉语和汉语研究十五讲[M].北京:北京大学出版社,2003.
[43] 吕叔湘.现代汉语八百词(增订本)[M].北京:商务印书馆,1999.
[44] 吕明臣.话语意义的建构[M].长春:东北师范大学出版社,2005.
[45] 马建忠.马氏文通[M].北京:商务印书馆,2007.
[46] 马贝加.近代汉语介词[M].北京:中华书局,2002.
[47] 孟琮,郑怀德,孟庆海,等.汉语动词用法词典[M].北京:商务印书馆,1999.
[48] 彭利贞.现代汉语情态研究[M].北京:中国社会科学出版社,2007.
[49] 齐沪扬,张谊生,陈昌来.现代汉语虚词研究综述[M].安徽:安徽教育出版社,2002.
[50] 沈家煊.不对称和标记论[M].南昌:江西教育出版社,1999.
[51] 沈阳.配价理论与汉语语法研究[M].北京:语文出版社,2000.
[52] 沈阳、郑定欧.现代汉语配价语法研究[M].北京:北京大学出版社,1995.
[53] 邵敬敏.汉语语法的立体研究[M].北京:商务印书馆,2000.
[54] 束定芳.隐喻学研究[M].上海:上海外语教育出版社,2000.
[55] 石毓智.肯定和否定的对称与不对称[M].北京:北京语言文化大学出版社,2001.
[56] 孙毅.认知隐喻学多维跨域研究[M].北京:北京大学出版社,2013.
[57] 索绪尔.普通语言学教程[M].高明凯,译.北京:商务印书馆,1983.
[58] 万莹. 相似介词“X”与“X 着/了”比较研究[M].武汉:武汉大学出版社,2013.
[59] 王世群.现代汉语框式介词研究[M].南京:南京大学出版社,2016.
[60] 王文斌.隐喻的认知构建与解读[M].上海:上海外语教育出版社,2007.
[61] 王寅.认知语法概论[M].上海:上海外语教育出版社,2006.

[62] 王寅. 认知语言学[M]. 上海:上海外语教育出版社,2007.
[63] 王永娜. 汉语书面正式语体语法的泛时空化特征研究[M]. 北京:中国社会科学出版社,2016.
[64] 维特根斯坦. 哲学研究[M]. 李步楼,译. 北京:商务印书馆,1996.
[65] 文旭. 语言的认知基础[M]. 北京:科学出版社,2014.
[66] 吴春相. 现代汉语句子组成单位的语序变换研究[M]. 济南:齐鲁书社,2013.
[67] 吴淑琼. 基于汉语句法结构的语法转喻研究[M]. 北京:中国社会科学出版社,2013.
[68] 吴为善. 认知语言学与汉语研究[M]. 上海:复旦大学出版社,2011.
[69] 席建国. 英汉介词研究的类型学视野[M]. 上海:上海交通大学出版社,2013.
[70] 席留生. "把"字句的认知语法研究[M]. 北京:高等教育出版社,2014.
[71] 熊岭. 现代汉语有定范畴研究[M]. 南昌:江西人民出版社,2014.
[72] 徐烈炯,刘丹青. 话题的结构与功能[M]. 上海:上海教育出版社,1998.
[73] 袁毓林. 汉语动词的配价研究[M]. 南昌:江西教育出版社,1998.
[74] 袁毓林. 汉语语法研究的认知视野[M]. 北京:商务印书馆,2004.
[75] 袁毓林. 汉语配价语法研究[M]. 北京:商务印书馆,2010.
[76] 袁毓林. 汉语句子的焦点结构和语义解释[M]. 北京:商务印书馆,2012.
[77] 袁毓林. 语言的认知研究和计算分析[M]. 北京:商务印书馆,2014.
[78] 詹人凤. 现代汉语语义学[M]. 北京:商务印书馆,1997.
[79] 赵亮. 认知语言学:理论和应用[M]. 广州:世界图书出版公司,2017.
[80] 赵艳芳. 认知语言学概论[M]. 上海:上海外语教育出版社,2001.
[81] 张斌. 现代汉语描写语法[M]. 北京:商务印书馆,2010.
[82] 张伯江. 从施受关系到句式语义[M]. 北京:商务印书馆,2009.
[83] 张伯江,方梅. 汉语功能语法研究[M]. 南昌:江西教育出版社,1996.
[84] 张辉,卢卫中. 认知转喻[M]. 上海:上海外语教育出版社,2010.
[85] 张敏. 认知语言学与汉语名词短语[M]. 北京:中国社会科学出版

社,1998.
[86] 章士钊.中等国文典[M].上海:上海商务印书馆,1907.
[87] 张谊生.现代汉语虚词[M].上海:华东师范大学出版社,2000.
[88] 张谊生.现代汉语副词研究[M].上海:学林出版社,2000.
[89] 张旺熹.汉语特殊句法的语义研究[M].北京:北京语言文化大学出版社,1999.
[90] 张志公.汉语语法常识[M].北京:中国青年出版社,1953.
[91] 赵元任.中国话的文法[M].北京:商务印书馆,2011.
[92] 周国光.现代汉语配价语法研究[M].北京:高等教育出版社,2011.
[93] 周国光,练春招,张舸,等.现代汉语概论[M].广州:广东高等教育出版社,2014.
[94] 周士宏.汉语句子的信息结构研究[M].北京:北京师范大学出版社,2016.
[95] 周文华.现代汉语介词习得研究[M].北京:世界图书出版公司,2011.
[96] 周晓君.汉语相互结构研究[M].杭州:浙江大学出版社,2018.
[97] 朱德熙.语法讲义[M].北京:商务印书馆,1982.
[98] 朱景松.现代汉语虚词词典[M].北京:语文出版社,2007.
[99] 刘月华.汉语语法论集[M].北京:现代出版社,1989.

B 期刊文献

[1] 白荃,岑玉珍.母语为英语的学生使用汉语介词“对”的偏误分析[J].语言文字应用,2007(2):118-125.
[2] 崔希亮.认知语言学:研究范围和研究方法[J].语言教学与研究,2002(5):1-12.
[3] 崔希亮.空间关系的类型学研究[J].汉语学习,2002(1):1-8.
[4] 陈昌来.汉语介词的发展历程和虚化机制[J].柳州职业技术学院学报,2002(3):15-22.
[5] 陈昌来.现代汉语介词的内部差异及其影响[J].上海师范大学学报(哲

学社会科学版),2002(5):97-105.

[6] 陈昌来.现代汉语介词的语用功能分析[J].广播电视大学学报(哲学社会科学版),2005(2):46-49,55.

[7] 陈军.试析“跟/向/对+N+V/VP”组合时的相同和相异现象[J].语言文字应用,2004(4):90-96.

[8] 陈一.句类与词语同现关系刍议[J].中国语文,2005(2):123-129,191.

[9] 陈一.偏依性对举结构与语法单位的对称不对称[J].世界汉语教学,2008(3):28-42,2.

[10] 陈一.现代汉语中两类回环式对举结构的认知分析[J].北方论丛,2012(4):68-69.

[11] 陈永莉.形式动词构成的句式及其与“V+O”句式的变换——兼论变换前后的语用差异[J].语言研究,2006(3):10-15.

[12] 邓文彬.相对关系“对”字句系统研究[J].西南民族学院学报(哲学社会科学版),1996(S6):7.

[13] 董秀芳.“不”与所修饰的中心词的粘合现象[J].当代语言学,2003a(1):12-24,93.

[14] 董秀芳.无标记焦点和有标记焦点的确定原则[J].汉语学习,2003b(1):10-16.

[15] 范晓.关于汉语的语序问题(一)[J].汉语学习,2001(5):1-12.

[16] 范晓.关于汉语的语序问题(二)[J].汉语学习,2001(6):18-28.

[17] 范晓.动词的配价与汉语的把字句[J].中国语文,2001(4):309-319,383-384.

[18] 丰竞.现代汉语心理动词的语义分析[J].淮北煤炭师范学院学报(哲学社会科学版),2003(1):106-110.

[19] 傅雨贤.“对于”句与“主谓宾”句的转换及其条件[J].中山大学学报,1981(4):105-112.

[20] 郭锐.过程和非过程——汉语谓词性成分的两种外在时间类型[J].中国语文,1997(3):162-175.

[21] 贺川生.“对 NP 的 VP”短语的内部结构[J].语言教学与研究,2015(3):51-58.

[22] 胡清国.“一量名”否定格式的两种语序及其制约因素[J].宁夏大学学报(人文社会科学版),2007(4):16-19.

[23] 胡清国.“不客气”和“别客气”比较研究[J].华南农业大学学报(社会科学版),2010,9(1):93-98.

[24] 金立鑫.对一些普遍语序现象的功能解释[J].当代语言学,1999(4):38-43,55-61.

[25] 金琉廷.现代汉语介词结构和否定词之间的语序关系[J].语文研究,2000(3):28-34.

[26] 李秉震.从隐现和替换看“关于”、“对于”的语义功能[J].中国语文,2012(2):139-148,192.

[27] 李大勤.“对(NP_A 的 VP)”中“V”的性质[J].徐州师范学院学报,1992(4):84-88.

[28] 李桂梅.形式动词句式的表达功效[J].语言教学与研究,2012(4):82-88.

[29] 李晗蕾.“加以”的语用功能[J].苏州教育学院学报,2003(1):11-16.

[30] 李琳莹.介词“对”的意义和用法考察[J].天津师范大学学报(社会科学版),1999(4):71-75.

[31] 李敏.形容词与否定副词“不”组合的语义、句法制约[J].南京师大学报(社会科学版),1999(2):137-144.

[32] 李双剑,陈振宇.否定词在“对”字句否定式中浮动的制约因素[J].语言教学与研究,2018(2):91-103.

[33] 李孝国.法律文本中“对”字句的话语分析[J].修辞学习,2002(4):33-34.

[34] 李宇明.形容词否定的不平行性[J].汉语学习,1998(3):1-5.

[35] 林莉铭.“对”字结构的语义考察[J].乐山师范学院学报,2005(7):49-52.

[36] 刘兵. 汉语介词的隐现与论元标识功能的转换[J]. 云南师范大学学报(对外汉语教学与研究版),2005,3(4):27-32.

[37] 刘大为. 从语法构式到修辞构式(上)[J]. 当代修辞学,2010(3):7-17.

[38] 刘大为. 从语法构式到修辞构式(下)[J]. 当代修辞学,2010(4):14-23.

[39] 刘顺. "对"和"对于"互换条件初探[J]. 济宁师专学报 ,1998(2):34-36,74.

[40] 刘顺. "对"字短语作定语的歧义问题[J]. 汉语学习,1998(6):20-21.

[41] 刘顺,刘志远. 论框式介词"对(于)……来说"的句法制约条件[J]. 通化师范学院学报,2011,32(1):6-10.

[42] 刘正光. 主观化对句法限制的消解[J]. 外语教学与研究,2011,43(3):335-349,479.

[43] 刘正光,李雨晨. 主观化与人称代词指称游移[J]. 外国语(上海外国语大学学报),2012(6):27-35.

[44] 陆丙甫. 作为一条语言共性的"距离－标记对应律"[J]. 中国语文,2004(1):3-15,95.

[45] 陆丙甫. 从宾语标记的分布看语言类型学的功能分析[J]. 当代语言学,2001(4):253-263,316.

[46] 陆俭明. 句类、句型、句模、句式、表达格式与构式——兼说"构式－语块"分析法[J]. 汉语学习,2016(1):3-11.

[47] 陆俭明. 词语句法、语义的多功能性:对"构式语法"理论的解释[J]. 外国语(上海外国语大学学报),2004(2):15-20.

[48] 陆俭明. "句式语法"理论与汉语研究[J]. 中国语文,2004(5):412-416,479.

[49] 陆险明. 周遍性主语句及其他[J]. 中国语文,1986(3):161-167.

[50] 陆俭明. 构式语法理论的价值与局限[J]. 南京师范大学文学院学报,2008(1):142-151.

[51] 陆俭明. 构式与意象图式[J]. 北京大学学报(哲学社会科学版),2009,46(3):103-107.

[52] 陆俭明. 从语法构式到修辞构式再到语法构式[J]. 当代修辞学,2016(1):1-9.
[53] 陆俭明. 对构式理论的三点思考[J]. 外国语(上海外国语大学学报),2016,39(2):2-10.
[54] 吕叔湘. 疑问·否定·肯定[J]. 中国语文,1985(4):241-250.
[55] 马庆株. 结合语义表达的语法研究[J]. 汉语学习,2000(2):1-7.
[56] 毛宏愿. 话形式动词和形式化动词[J]. 喀什师范学院学报,1997(4):78-79.
[57] 苗杰. 介词“对”的语法意义及语法化轨迹探究[J]. 语文学刊,2013(16):11-12,22.
[58] 潘忆燕. 辨析“不客气”与“别客气”[J]. 黑龙江教育学院学报,2007(8):121-122.
[59] 彭春霞. 认知语法理论对动词配价的解读[J]. 江西社会科学,2009(11):250-252.
[60] 钱敏汝. 否定载体“不”的语义—语法考察[J]中国语文,1990(1):30-37.
[61] 任明. “对、对于”的表义功能[J]. 辽宁师专学报(社会科学版),2002(2):20-22.
[62] 单威. “比……不”型“比”字句研究[J]. 北方论丛,2013(2):51-55.
[63] 沈家煊. 句法的象似性问题[J]. 外语教学与研究,1993(1):2-8,80.
[64] 沈家煊. “好不”不对称用法的语义和语用解释[J]. 中国语文,1994(4):262-265.
[65] 沈家煊. 形容词句法功能的标记模式[J]. 中国语文,1997(4):242-250.
[66] 沈家煊. 实词虚化的机制——《演化而来的语法》评介[J]. 当代语言学,1998(3):41-46.
[67] 沈家煊. 转指和转喻[J]. 当代语言学,1999(1):3-15,61.
[68] 沈家煊. “在”字句和“给”字句[J]. 中国语文,1999(2):94-102.
[69] 沈家煊. 句式和配价[J]. 中国语文,2000(4):291-297,381.
[70] 沈家煊. 语言的“主观性”和“主观化”[J]. 外语教学与研究,2001(4):

268-275,320.

［71］ 沈家煊. 复句三域“行、知、言”［J］. 中国语文,2003(3):195-204,287.

［72］ 沈家煊. 概念整合与浮现意义——在复旦大学“望道论坛”报告述要［J］. 修辞学习,2006(5) :1-4.

［73］ 沈家煊. “糅合”和“截搭”［J］. 世界汉语教学,2006(4):5-12,146.

［74］ 沈家煊. “移位”还是“移情”？——析“他是去年生的孩子”［J］. 中国语文,2008(5):387-395,479.

［75］ 沈家煊. 我看汉语的词类［J］. 语言科学,2009,8(1):1-12.

［76］ 沈家煊,张姜知. 也谈形式动词的功能［J］. 华文教学与研究,2013(2):8-17,23.

［77］ 沈开木. “不”字的否定范围和否定中心的探索［J］. 中国语文,1984(6):404-412.

［78］ 施春宏. 汉语句式的标记度及基本语序问题［J］. 汉语学习,2004(2):10-18.

［79］ 施春宏. 互动构式语法的基本理念及其研究路径［J］. 当代修辞学,2016(2):12-29.

［80］ 施春宏. 构式的观念:逻辑结构和理论张力［J］. 东北师大学报(哲学社会科学版),2016(4):17-23.

［81］ 施春宏. 构式语法的理论路径和应用空间［J］. 汉语学报,2017(1):2-13,95.

［82］ VAN DIJK T A. 社会认知、社会权势与社会话语［J］. 施旭,摘译. 国外语言学,1991(3):17-24.

［83］ 石毓智. 时间一维性对介词衍生的影响［J］. 中国语文,1995(1):1-10.

［84］ 束定芳. 隐喻研究的若干新进展［J］. 英语研究,2017(2):71-79.

［85］ 宋玉珂. “进行”的语法作用［J］. 语言教学与研究. 1982(1):59-64,46.

［86］ 汤晓玲. 谈现代汉语的一个短语“不客气”［J］. 语文学刊,2006(14):135-138.

［87］ 完权. 言者主语与隐性施行话题［J］. 世界汉语教学,2016,30(4):470-483.

［88］ 丸尾诚. 关于否定词移位对谓宾动词的影响［J］. 辽宁大学学报(哲学社会科学版),1997(3):71-73.

［89］ 万莹. 析介词“对”、“对着”［J］. 北京广播电视大学学报,2008(2):

48-51.
[90] 汪灵灵.日本学生学习汉语介词“对”、“给”的偏误[J].零陵学院学报,2005(1):123-125.
[91] 王文斌.从 Chomsky 的最简方案探解“对”字句[J].外语学刊,2006(2):52-57.
[92] 王景丹.公文语体“对”字句的初步考察[J].修辞学习,2001(1):26-28,13.
[93] 王景丹.谈语体与“对”字句的适应关系[J].修辞学习,2001(3):5-6,9.
[94] 王珏.介词短语作定语四论[J].华东师范大学学报(哲学社会科学版),1999(4):96-103.
[95] 王丽娟.从韵律看介词的分布及长度[J].语言科学,2008(3):300-307.
[96] 王建国.汉语介词话题标记研究[J].江西财经大学学报,2009(2):72-74,79.
[97] 王琴.认知语言学与汉语介词研究[J].中国社会科学院研究生院学报,2008(5):121-126.
[98] 王寅.认知参照点原则与语篇连贯——认知语言学与语篇分析[J].中国外语,2005(5):17-22,29.
[99] 王正元.概念整合理论的发展与理论前沿[J].四川外语学院学报,2006(6):65-70.
[100] 魏在江.语用移情与转喻式否定构式的认知构建[J].现代外语,2019,42(1):13-24.
[101] 吴春相.现代汉语介词结构的语体考察[J].当代修辞学,2013(4):52-61.
[102] 吴福祥.汉语伴随介词语法化的类型学研究——兼论 SVO 型语言中伴随介词的两种演化模式[J].中国语文,2003(1):43-58,96.
[103] 吴福祥.汉语能性述补结构“V 得/不 C”的语法化[J].中国语文,2002(1):29-40,95.
[104] 熊学亮,刘东虹.否定语序的类型学分析[J].外语学刊,2006(4):52-57.
[105] 谢英.谈“对”字短语在法律文本中的运用[J].宁夏大学学报(人文社会科学版),2005(2):40-42.
[106] 肖治野,沈家煊.“了$_2$”的行、知、言三域[J].中国语文,2009(6):518-

527,576.
[107] 徐盛桓. 转喻与分类逻辑[J]. 外语教学与研究,2008(2):93-99,160.
[108] 徐枢. "对"字句的几种主要格式[J]. 汉语学习,1984(3):1-7.
[109] 徐枢. 谈谈《现代汉语词典》(修订本)对虚词条目的处理[J]. 语言文字应用,1997(1):53-55.
[110] 许国萍. "对……而言/来说"与"就……而言/来说"之比较[J]. 修辞学习,2004(4):24-27.
[111] 言久圣. 语法学习杂记三则[J]. 语文学习,1981(4):48-49.
[112] 杨海明. 汉语事件表达的喻指化路径与交际动因——以"吃"的基准定位与语义摆度为例[J]. 当代修辞学,2016(3):76-86.
[113] 杨丽姣. 汉语介词的主题标志功能研究[J]. 云南师范大学学报(哲学社会科学版),2006(4):122-126.
[114] 杨洋、蔡维天. 念力移转的韵律语法及实验研究[J]. 世界汉语教学,2019,33(1):20-30.
[115] 尹岗寿. 汉语状态心理动词的鉴别及分类[J]. 汉语学习,2013(3):54-59.
[116] 于进海.《世说新语》"对"字研究——兼论"对"从上古到中古的词性演变[J]. 信阳师范学院学报(哲学社会科学版),2005(1):61-65.
[117] 岳辉,高珊. "A 的 A,B 的 B" 格式考察[J]. 社会科学战线,2015(5):266-270.
[118] 袁杰,夏允贻. 虚义动词纵横谈[J]. 语言研究,1984(2):31-40.
[119] 袁毓林. 准双向动词研究[J]. 语言研究,1989(1):12-25.
[120] 袁毓林. 现代汉语名词的配价研究[J]. 中国社会科学,1992(3):205-223.
[121] 袁毓林. 句法空位和成分提取[J]. 汉语学习,1994(3):2-10.
[122] 袁毓林. 论否定句的焦点、预设和辖域歧义[J]. 中国语文,2000(2):99-108,189.
[123] 袁毓林. 句子的焦点结构及其对语义解释的影响[J]. 当代语言学,2003(4):323-338,380.
[124] 袁毓林. "都、也"在"Wh + 都/也 + VP 中的语义贡献"[J]. 语言科学,2004(5):3-14.
[125] 袁毓林. 试析中介语中跟"不"相关的偏误[J]. 语言教学与研究,2005

(6):39-47.
[126] 袁毓林.“Neg + Wh + VP”和“Wh + Neg + Vp”意义同异之辨——兼谈全称否定的排他性保留和特称容忍的逻辑机制[J].中国语文,2011(3):195-204,287.
[127] 袁毓林.汉语中的概念转喻及其语法学后果[J].语言教学与研究,2018(1):30-43.
[128] 张伯江.论“把”字句的句式语义[J].语言研究,2000(1):28-40.
[129] 张黎.“有意”和“无意”——汉语“镜像”表达中的意合范畴[J].世界汉语教学,2003(1):30-39,2.
[130] 张爱民.单一否定词移位问题探讨[J].徐州师范学院学报,1992(4):80-83,88.
[131] 张宝胜.配价语法和“对 + N + 的 + X”短语的歧义问题[J].河南大学学报(社会科学版),2002(5):124-127.
[132] 张美霞,崔立斌.先秦至东汉“$对_{V}$”的多元语法化与“$对_{P}$”的衍生[J].古汉语研究,2014(3):26-38,95-96.
[133] 张美霞.方向介词“对着”的演变过程与形成机制[J].语言教学与研究,2015(4):88-95.
[134] 张美霞.试论言说对象介词“对”的演化[J].汉语史学报(第十六辑),2016a:219-231.
[135] 张雪平.非现实句和现实句的句法差异[J].语言教学与研究,2009(6):25-32.
[136] 张雪平.现代汉语非现实句的语义系统[J].世界汉语教学,2012,26(4):449-462.
[137] 张谊生.交互类短语与连介兼类词的分化[J].中国语文,1996(5):330-338.
[138] 张谊生.试论“有加”的附缀化与“X 有加”的构式化[J].中国语文,2017(3):299-308,383.
[139] 张永胜.浅析介词“对”和“对于”用法的异同[J].语文学刊,1992(4):37-40.
[140] 赵玉娟.“对”字句的语义分析[J].开封大学学报,2012,26(1):52-54.
[141] 曾海清.“别客气”和“不客气”的句法语义探析[J].修辞学习,2009(5):50-55.

[142] 周芍,邵敬敏.试探介词"对"的语法化过程[J].语文研究,2006(1):24-30.

[143] 周小兵.介词的语法性质和介词研究的系统方法[J].中山大学学报(社会科学版),1997(3):110-116.

[144] 周晓林.介词"对"与"向"之异同[J].汉字文化,2001(2):20-21.

[145] 周有斌、邵敬敏.汉语心理动词及其句型[J].语文研究,1993(3):32-36,48.

[146] 朱德熙.现代书面汉语里的虚化动词和名动词 为第一届国际汉语教学讨论会而作[J].北京大学学报(哲学社会科学版),1985(5):3-8.

[147] 朱华平.否定副词"不"的情态特征及其序位安排——现代汉语"NP_1 + 对 + NP_2 + VP"句式的两种否定形式[J].巢湖学院学报,2010,12(5):101-105.

[148] 邹韶华.中性词语义偏移的类型与成因[J].外语学刊,2007(6):61-65.

C 学位论文

博士学位论文

[1] 刁晏斌.虚义动词论[D].天津:南开大学,2004.

[2] 郜峰.现代汉语路径义空间介词研究[D].合肥:安徽大学,2014.

[3] 胡方芳.现代汉语转喻的认知研究[D].上海:华东师范大学,2008.

[4] 黄洁.基于参照点理论的汉语隐喻和转喻的名名复合词认知研究[D].上海:上海外国语大学,2009.

[5] 李沛.现代汉语"向"字句研究[D].武汉:华中师范大学,2014.

[6] 李勇忠.语言转喻的认知阐释[D].上海:复旦大学,2004.

[7] 刘春光.认知视角下的现代汉语语序研究[D].上海:上海师范大学,2014.

[8] 江晓红.转喻的认知语用研究[D].广州:广东外语外贸大学,2008.

[9] 彭飞.汉语常用介词的认知和功能研究[D].天津:南开大学,2012.

[10] 申敬善.现代汉语"在"字句研究[D].上海:复旦大学,2006.

[11] 石微.汉语依据类介词的语法化研究[D].长春:吉林大学,2013.

[12] 宋永圭.现代汉语情态动词"能"的否定研究[D].上海:复旦大学,2004.

[13] 万莹.相似介词"X"与"X 着/了"比较研究[D].武汉:华中师范大学,2006.

[14] 王晓凌.论非现实语义范畴[D].上海:复旦大学,2007.

[15] 许舒宁. 现代汉语时空介词研究[D]. 长春:吉林大学,2015.
[16] 杨成虎. 语法转喻的认知研究[D]. 北京:北京师范大学,2008.
[17] 张国宪. 现代汉语形容词的选择性研究[D]. 上海:上海师范大学,1993.
[18] 张美霞. 汉语介词“对”历时演变研究[D]. 北京:北京师范大学,2014.
[19] 赵彧. 介词结构的否定位序类型与功能研究——以否定副词“不”的否定方式为例[D]. 上海:上海师范大学,2019.

硕士学位论文

[20] 陈俐冰. 当代公文中的“对”字句研究[D]. 成都:四川师范大学,2010.
[21] 劳勍. 现代汉语心理动词语义、句法研究[D]. 上海:上海师范大学,2007.
[22] 苗杰. “对”字句语义句法特点考察[D]. 杭州:杭州师范大学,2005.
[23] 孙舒颖. “对”字句在现代汉语篇章中的使用情况考察[D]. 金华:浙江师范大学,2007.
[24] 孙蕾. 关于“对”字句几个句法和语义问题的研究[D]. 天津:天津师范大学,2007.
[25] 王立燕. 介词“朝”“对”的可替换性研究[D]. 济南:山东师范大学,2005.
[26] 吴泓. 否定性“对”字句研究[D]. 哈尔滨:哈尔滨师范大学,2007.
[27] 许松. 现代汉语“对”字句研究[D]. 南京:南京林业大学,2010.
[28] 张蕾. 现代汉语否定式“把”字句研究[D]. 上海:上海师范大学,2004.
[29] 朱华平. “PP + VP”句的否定表达[D]. 芜湖:安徽师范大学,2004.
[30] 赵玉娟. 现代汉语“对”字句研究[D]. 太原:山西大学,2007.

D 论文集中的文献

[1] 陈一. 对举表达式的再分类及其意义[M]//中国语言学会《中国语言学报》编委会. 中国语言学报. 第 13 期. 北京:商务印书馆,2008:19-31.
[2] 马庆株. 自主动词和非自主动词[M]//中国语言学会《中国语言学报》编委会. 中国语言学报. 第 3 期. 北京:商务印书馆,1988:157-180.
[3] 沈家煊. 也谈能性述补结构“V 得 C”和“V 不 C”的不对称[M]//沈家煊,吴福祥,马贝加. 语法化与语法研究. 2. 北京:商务印书馆,2005:185-207.
[4] 袁毓林. 现代汉语二价名词研究[M]//沈阳,郑定欧. 现代汉语配价语法研究. 北京:北京大学出版社,1995:29-58.
[5] 张美霞. 处所介词“对”的产生、初步发展与消亡[M]//四川大学中国俗

文化研究所，四川大学汉语史研究所. 汉语史研究集刊. 第 21 辑. 成都：巴蜀书社，2016b：124-146.

[6] 赵淑华. 介词和介词分类[M]//胡明扬. 词类问题考察. 北京：北京语言文化大学出版社，1996：403- 430.

[7] 张国宪. 论双价形容词[M]//沈阳，郑定欧. 现代汉语配价语法研究. 北京：北京大学出版社，1995：59-89.

E 外文文献：

[1] DEIGNAN A. Metaphor and corpus linguistics[M]. Amsterdam: John Benjamins Publishing Company, 2005.

[2] VELASCO O I D. Metaphor, metonymy, and image-schemas: An analysis of conceptual interaction patterns[J]. Journal of English Studies, 2001, 3(2): 47-63.

[3] GIVÓN, T. Syntax: A functional-typololgical introduction II[M]. Amsterdam: John Benjamins Publishing Company, 1990.

[4] HEINE B, CLAUDI U, HNNEMEYER F. Grammaticalixation: A conceptual framework[M]. Chicago: The University of Chicago Press, 1991.

[5] HOPPER, PAUL J. On some principles of grammaticalization[M] // TRAUGOTT, HEINE. Approaches to grammaticalization. volume I. Amsterdam: John Benjamins Publishing Company, 1991.

[6] INKELAS S, ZEC D. The phonology-syntax connection[M]. Chicago: Center for the Study of Language and Inf, 1990.

[7] LAKOFF G. Women, fire, and dangerous things: What categories reveal about the mind[M]. Chicago: University of Chicago Press, 1987.

[8] LAKOFF G, TURNER M. More than cool reason: A field guide to poetic metaphor[M]. Chicago: The University Of Chicago Press, 1989.

[9] LAKOFF G, JOHNSON M. Philosophy in the flesh[M]. New York: Basic Books, 1999.

[10] LANGACKER R W. Foundations of cognitive grammar[M]. Stanford: Stanford university press, 1987.

[11] LANGACKER, R W. Nouns and verbs[J]. Language, 1987, 63(1): 53-94.

[12] LANGACKER R W. Reference-point constructions[J]. Cognitive Linguistics, 1993, 4(1): 1-38.

[13] LANGACKER R W. Grammar and conceptualization[M]. Berlin: Mouton de Gruyter,1999.
[14] LANGACKER R W. Cognitive grammar: A basic introduction[M]. Oxford: Oxford University Press, 2008.
[15] PANTHER K-U, THORNBURG L. Metonymy[M]// GEERAERTS, CUYCKENS. Handbook of cognitive linguistics. Oxford: Oxford University Press, 2007.
[16] RADDEN G, KÖVECSES Z. Towards a theory of metonymy [M] //PANTHER K-U, RADDEN G. Metonymy in language and thought. Amsterdam: John Benjamins,1999.
[17] RADDEN G. How metonymic are metaphors[M] //BARCELONA A. Metaphor and metonymy at the grossroads. Berlin: Mouton de Gruyter,2000.
[18] RUIZ DE MONDOZA F J. The role of mappings and domains in understanding metonymy[M]. BARCELONA A. Metaphor and metonymy at the grossroads. Berlin: Mouton de Gruyter,2000.
[19] RUIZ DE MENDOZA F J,CERVEL S P. Grammatical metonymy within the action frame in English and Spanish [M]// GÓMEZ GONZÃLEZ M A, LACHLAN MACKENZIE J, GONZÃLEZ-ÃLVAREZ E. Current trends in contrastive linguistics: Functional and cognitive perspectives. Amsterdam: John Benjamins, 2008.
[20] TALMY L. Toward a cognitive semantics Volume I:Concept structuring systems [M]. Cambridge,MA:MIT Press,2000a.
[21] TALMY L. Toward a cognitive semantics Volume II:Typology and process in concept structuring[M]. Cambridge,MA:MIT Press,2000b.
[22] ZEC D ,INKELAS S. Prosodically constrainde syntax[M]//The phonology syntax. Chicago: University of Chicago Press,1990.